INVENTAIRE
G 5501

G

5501

ESSAI

sur

LES DOLMENS

ESSAI

SUR

LES DOLMENS

ACCOMPAGNÉ

D'UNE CARTE, DE PLANCHES ET DE DESSINS

SUR BOIS

PAR

LE BARON A. DE BONSTETTEN

GENÈVE

IMPRIMERIE DE JULES-GUILLAUME FICK

—

1865

ESSAI SUR LES DOLMENS.

Ce travail a pour objet l'étude des monuments funéraires [1] appelés en France : Dolmens, pierres levées, allées couvertes, autels druidiques. En Allemagne : Hünengräber, Altäre. En Angleterre : Cromlech. En Danemark : Stendysser, Jættestuer. En Espagne : Dolmin, Cuevas de Menga. En Portugal : Antas. Ces monuments, que je désignerai sous le nom breton de *Dolmens* (*daul*, table ; *men*, pierre), présentent dans leur ensemble une uniformité d'architecture et une identité de type qui n'excluent cependant pas des variétés de détails bien nettement tranchées. Je me suis proposé de classer ces différentes variétés d'après leurs caractères les plus saillants, de grouper tous les faits déjà en partie connus, dont le rapprochement peut servir à éclairer les recherches, et d'esquisser à l'aide de ces sépultures et de la diversité de leur mobilier funéraire la marche d'un peuple qui eut le triste privilége de ne marquer son existence dans l'histoire que par l'architecture bizarre de ses tombeaux. Notre itinéraire, hâtons-nous de le dire, est loin

---

[1] Il y a déjà plus d'un siècle que la véritable destination de ces monuments a été reconnue : « Constat superiores eorum lapides, plane rudes, gibbosos atque ad sacrificia fuisse ineptos, » écrivait Keysler en 1720 (*Antiq. septentrionales*), pour répondre à la croyance populaire qui faisait et fait encore de ces sépultures : *des autels à sacrifices*.

d'être complet, plusieurs pays présentent de grandes lacunes archéologiques et leurs groupes de dolmens restent séparés de l'ensemble comme les anneaux brisés d'une chaîne; mais on manque jusqu'ici des renseignements nécessaires pour remplir ce vide et les points intermédiaires ont disparu ou restent encore à découvrir. Ce travail n'est donc qu'un simple essai que de nouvelles recherches pourront peut-être compléter un jour.

DÉFINITION DU DOLMEN.

Le nom de dolmen s'applique à tout monument en pierre, couvert ou non couvert de terre, d'une dimension suffisante pour contenir plusieurs tombes, et formé d'un nombre variable de blocs bruts (les tables) soutenus horizontalement au-dessus du niveau du sol par plus de deux supports.

D'après cette définition, on exclurait de la classe des dolmens :

1° Certains monuments des îles Baléares, formés d'un bloc posé sur un autre bloc et présentant la forme d'un T, avec mur circulaire en pierres sèches.

2° Les constructions appelées : *Tombes des géants,* dans l'île de Sardaigne; hémicycle en pierres sèches avec dalles en forme de stèle sépulcrale, percée

Fig. 1. — TOMBE DE GÉANTS, D'APRÈS LAMARMORA.

Fig. 1 a. — TOMBE DE GÉANTS, D'APRÈS LAMARMORA, vue de face.

d'une ouverture carrée qui donne accès dans un corridor de cinq à dix mètres de long sur un mètre de haut et un de large en moyenne. Ce corridor est également construit en pierres sèches recouvertes de larges dalles.

3° Les sarcophages (stone-cists) qui sont: *A.* enfouis sous la surface du sol; *B.* recouverts d'un tumulus en terre ou en pierres et au-dessus du niveau du sol; blocage, pierres ou petites dalles entourant et recouvrant le squelette ou l'urne funéraire. Leur dimension est proportionnée à celle du dépôt qu'ils doivent protéger.

Fig. 2. — SARCOPHAGE DU STADTFORST D'UELZEN (HANOVRE)
(Longueur 2m; largeur 0,60 cent.; hauteur 0,39 cent.)

DES DIFFÉRENTS GENRES DE DOLMENS.

Ces monuments peuvent se partager en deux grandes classes:

I. Dolmens apparents.

    a) à dalles tombales, c'est-à-dire une ou plusieurs dalles posées à plat sur le sol entre les supports.
    b) sans dalle tombale.
    c) à enceinte de pierres dressées (menhirs).
    d) sans enceinte de menhirs.
    e) à compartiments intérieurs.
    f) simples.
    g) sur un tertre (tumulus).
    h) sur le sol naturel.
    i) supports dressés en hauteur.
    k) supports dressés en longueur.

Fig. 3. — DOLMEN APPARENT A DALLE TOMBALE, PRÈS DE PONT DE LÈNE (MORBIHAN).

II. Dolmens couverts d'un tumulus en terre ou en cailloux.

    a) à corridor et à chambre avec compartiments.
    b) corridor et chambre.
    c) simples.
    d) à dalles tombales.
    e) sans dalles tombales.
    f) à enceinte de menhirs.
    g) sans enceinte.

Fig. 4. — DOLMEN COUVERT A ENCEINTE DE MENHIRS, A NASCHENDORF, PRÈS WISMAR (MECKLEMBOURG).

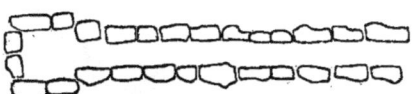

Fig. 5. — PLAN DE DOLMEN COUVERT A CORRIDOR ET A CHAMBRE, DE GAVRINIS (MORBIHAN)
d'après Cayot-Delandre.

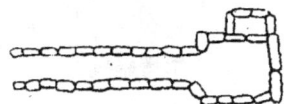

Fig. 6. — PLAN DE DOLMEN COUVERT, A CORRIDOR, AVEC CHAMBRE A COMPARTIMENTS, A PLOUHARNEL (MORBIHAN)
d'après Carro.

Les dolmens de ces deux classes sont orientés de l'ouest à l'est, sauf nombreuses exceptions. Ils appartiennent à une époque qui s'étend de l'*âge de pierre à celui de transition (pierre et bronze)* et même jusqu'à l'âge de bronze. Chez tous, la surface la plus unie des blocs est tournée à l'intérieur du monument, le côté le plus informe et le plus raboteux se trouve en dehors.

Ire Classe. — DOLMENS APPARENTS.

On pose généralement en fait que tous les dolmens, sans exception, étaient primitivement couverts de terre, et que ceux qui ne le sont pas ont perdu leur forme originelle. Je crois avoir déjà démontré par de simples considérations d'économie rurale l'impossibilité de cette hypothèse (*Sup. d'antiquités suisses*, 1860). J'y reviens encore ici :

Un travail aussi dispendieux que celui de dépouiller les dolmens de l'énorme enveloppe de terre qui les recouvre, ne peut avoir été entrepris sans motifs et sans but. Or les seuls motifs qui expliqueraient l'enlèvement des tertres, se réduisent à trois :

1° Niveler le sol sur lequel se trouve le monument funéraire.

2° Enlever la terre du tumulus pour la transporter sur des champs qui manquent de fond.

3° Chercher des trésors.

Première objection: Les dolmens se rencontrent le plus souvent dans des landes incultes et impropres aux défrichements par la nature même du sol. D'ailleurs, dans un but de nivellement, on ne se bornerait pas à enlever le tumulus, mais on détruirait encore le dolmen. Ses pierres seraient utilisées ou on les enfouirait assez profondément en terre pour qu'elles ne heurtent pas le soc de la charrue.

Deuxième objection : 1° En Bretagne et dans le département du Lot, pays à dolmens apparents par excellence, en Palestine et dans les steppes de la

Crimée, la culture est trop arriérée pour qu'un propriétaire entreprenne un pareil déplacement de terre. 2° On trouve des dolmens apparents loin de toute habitation et en dehors de tout chemin praticable, ce qui rendrait le transport des terres, sinon impossible, du moins trop dispendieux. 3° La butte qui recouvre *les dolmens couverts*, est formée d'un mélange de terre et de cailloux qui n'a pas d'emploi possible.

Troisième objection : 1° Des chercheurs de trésor ne prendraient pas la peine d'enlever toute la butte et se contenteraient d'y faire une trouée. 2° Cette terre se retrouverait amoncelée près du monument. 3° J'ai fouillé plusieurs dolmens apparents dont le contenu se trouvait intact.

Les motifs que je viens d'exposer suffiront, je crois, à prouver avec évidence que *les dolmens apparents ont toujours été tels dès leur origine.*

Je passe, ces préliminaires posés, à l'examen des monuments de cette classe :

La hauteur des dolmens apparents varie en moyenne de 3^m à 0,40 cent.; ils sont ronds, ovales ou en carré long. Les supports peuvent être distants les uns des autres ou juxtaposés. Le dolmen renferme une seule ou plusieurs tombes placées : 1° *Sous le niveau du sol*, à une profondeur de 1^m à 0,45 cent.; elles sont recouvertes de terre ou d'une *pierre tombale*. J'entends par là une ou plusieurs dalles couchées sur le sol et occupant tout l'espace intérieur compris entre les supports (voyez fig. 3). Souvent une autre dalle tapisse encore le fond de la tombe ; des pierres ou des cailloux brisés sont plantés tout à l'entour et donnent à ce genre de sépulture l'aspect d'un cercueil ou sarcophage, dont la pierre tombale serait le couvercle.

Dans ces deux cas, le dolmen proprement dit ne figure que comme ornement, comme couronnement de la tombe.

2° *Sur le niveau du sol :* Interstices entre les supports ou les couvertures, hermétiquement fermés avec de petits cailloux; tombes recouvertes de terre et reposant sur une couche de silex cassés, ayant subi l'action du feu; un petit *bourrelet de gazon* de 0,30 à 0,35 cent. de haut, adossé contre les parois extérieures des supports, achève de protéger les sépultures; fréquentes superpositions de tombes qui remplissent parfois tout l'intérieur du monument. Entrée ménagée sous le dolmen par l'omission d'un ou de deux supports et se fermant avec un bloc *appuyé* contre les tables.

Selon le savant Lisch, qui fait autorité en pareille matière, chaque fois qu'il s'agissait d'établir une nouvelle sépulture dans un dolmen *simple*, on prolongeait le monument en y ajoutant le nombre nécessaire de supports et de tables, et en avançant ensuite le bloc de fermeture. Le dolmen, à la suite de ces augmentations successives, devenait ce qu'on appelle en France une *allée couverte*. Il faut cependant admettre une exception pour les petits dolmens à auge (voyez plus loin) qui ne se prolongent jamais ainsi.

Fig. 7. — DOLMEN APPARENT A CEINTURE DE PIERRES, DU LUNEBURG.

La précieuse découverte de quelques dolmens apparents, encore intacts, a permis de constater que les monuments de ce genre se trouvent hermétiquement clos lorsqu'ils n'ont pas subi de dévastations; les intervalles entre les supports sont fermés avec des murs de pierres sèches ou de gros blocs appuyés contre les tables. Les dolmens couverts de Tumiac, de St-Michel et de Manné-er-Hrock dans le Morbihan, présentent des combinaisons de ce genre, et l'étude du beau tétralithe de Brantôme (Dordogne) peut encore motiver dans certains cas et pour certaines localités, le nombre insuffisant des supports comme fermeture. Ce dolmen est construit sur le *roc vif;* sa table a 5ᵐ de long sur 2,70 de large; elle s'appuie par une de ses extrémités sur deux supports juxtaposés, de 1ᵐ 60 cent. de hauteur, tandis que l'extrémité opposée n'est soutenue que par un seul montant. Deux de ces supports, *grossièrement taillés*, semblent reposer sur le rocher, mais en faisant enlever la mince couche de gazon qui entourait leur base, j'ai reconnu qu'ils avaient été enfoncés *dans des fissures naturelles du roc,* à plus de 0,70 cent. de profondeur, et calés ensuite avec des cailloux; tout l'aire du dolmen présentait une surface de roc parfaitement plane et unie. Il a donc fallu que la tombe fût déposée sur le rocher, mais une simple couche de terre n'eût pas suffi à la protéger, et la difficulté ou même l'impossibilité de placer d'autres supports, a dû obliger les pauvres architectes à recourir au moyen plus simple que je viens d'indiquer, c'est-à-dire à joindre entre eux ces supports par un mur de pierres sèches ou par des blocs. Cette clôture, dont on pourrait retrouver les traces, se sera écroulée dans la suite des siècles et la partie solide du monument est seule restée intacte.

Fig. 8. — DOLMEN APPARENT DE BRANTOME (DORDOGNE).

L'exemple que je viens de citer se rapporte, il est vrai, à un fait exceptionnel, mais ailleurs on peut s'être vu forcé de recourir à ce même expédient de murs en pierres sèches, par suite de la difficulté de se procurer, dans certaines localités, des supports d'une longueur suffisante.

Les dolmens apparents à supports distants les uns des autres ne sont donc que des monuments en partie ruinés qui n'ont pas conservé leur aspect primitif.

On peut en dire autant des monuments appelés: *demi-dolmens,* dont on a fait des *autels druidiques,* mais qui ne sont en réalité que des dolmens en ruine; leur table, privée d'une partie de ses supports et n'étant plus soutenue que d'un côté, s'est affaissée sur le sol et représente un plan incliné.

Fig. 9. — DOLMEN RUINÉ DE MAINTENON (SAONE-ET-LOIRE).

J'ai eu plus d'une fois l'occasion de donner involontairement cette forme aux dolmens que j'ai fouillés.

Les dolmens apparents, à une ou plusieurs dalles tombales, offrent à la sépulture qu'ils recouvrent un asile presque inviolable; ces dalles sont toujours fortement calées avec des cailloux en coins, enfoncés dans le joint qui les sépare des supports et les différentes parties du monument se trouvent si solidement unies l'une à l'autre qu'elles ne forment, pour ainsi dire, qu'un seul tout. Il faut démolir les pierres pièce par pièce, en commençant par la table, avant de pouvoir fouiller la tombe. Ce travail n'est pas sans danger lorsqu'il s'agit de déplacer des blocs d'une dimension formidable.

Les *compartiments intérieurs* des dolmens apparents ou couverts, sont formés de dalles dressées qui atteignent souvent à la hauteur des tables ou, comme nous l'avons déjà dit, de cailloux de 30 à 35 cent. fichés en terre les uns à la suite des autres. Il est inutile d'ajouter que le nombre des compartiments est toujours proportionné au nombre des sépultures déposées dans le dolmen.

Les *clôtures de pierres* (menhirs) forment l'accompagnement presque habituel des dolmens du nord de l'Allemagne, du Danemark et de l'Angleterre, où elles atteignent souvent des proportions formidables. Elles sont, en revanche, rares en France; il en existe cependant quelques-unes en Bretagne et dans le département du Lot. La forme ordinaire de ces clôtures est le cercle ou le carré long. On connaît en Angleterre des enceintes circulaires, simples, doubles et même triples.

Un des exemples les plus remarquables de ce genre est le cercle du Stennis, dans l'île de Pomona (Orcades); il a 100 mètres de diamètre et se trouve entouré d'un large fossé. Les clôtures de pierres entourent un ou plusieurs dolmens; ceux-ci occupent le centre dans les cercles et les extrémités dans les carrés longs.

PETITS DOLMENS APPARENTS EN FORME D'AUGE.

On rencontre surtout dans les départements du centre et du midi de la France et en Algérie, des petits dolmens en forme d'auge; ils se composent de supports dressés sur les grands côtés, dans le sens de leur longueur; un seul montant occupe le fond, et le quatrième côté, orienté au midi, est habituellement ouvert. La sépulture proprement dite repose *sous le niveau du sol*; elle est pavée d'une dalle ou de cailloux et entourée de pierres plates fichées en terre. Le dolmen n'a souvent que 1^m 50 cent. de long, ce qui obligeait, ainsi qu'on a pu le constater, à y déposer les morts dans une attitude repliée; la hauteur de ces monuments n'excède pas, dans certains cas, 0,45 cent.; ils renferment une ou plusieurs tombes superposées.

Fig. 10. — DOLMEN EN AUGE, A ASSIEZ (DÉP. DU LOT).

Ces petits dolmens rappellent déjà par leur forme et leurs dimensions les sarcophages de l'âge du bronze; ce sont eux aussi qui renferment, plus souvent que les autres, des objets en bronze, mais ordinairement accompagnés d'outils et armes en silex, en os ou en pierre. On peut conclure de ce fait que les *petits dolmens à auge* sont de date comparativement plus récente et que l'usage des grandes constructions en pierre est tombé peu à peu en désuétude avec un état de barbarie qui ignorait la valeur du temps (*time is money*).

On choisit alors des matériaux de moindre volume, et il s'opéra une transition du dolmen au sarcophage, de telle façon que la tombe devint d'abord un sarcophage recouvert d'un dolmen; puis les supports du monument diminuèrent insensiblement en hauteur, la table se rapprocha du sol et finit par devenir le couvercle même du sarcophage avec ses supports comme parois.

Les *Jayantières* du département de Tarn-et-Garonne, et des sépultures analogues aux environs d'Alger, représentent la fin de cette époque de transition où la distinction entre le sarcophage et le dolmen devient presque impossible à établir.

Ces jayantières (tombes de géants) sont tantôt apparentes, tantôt enfouies sous un tumulus dont la hauteur varie de 1^m 50 cent. à 2^m. La même butte en recouvre souvent plusieurs. Je laisse ici la parole à un savant archéologue de Montauban, M. Devals, qui a bien voulu me faire part du résultat de ses fouilles dans les jayantières.

« Ces sépultures consistent en quatre dalles de pierre brute, formant un rectangle et surmontées d'une grande dalle posée à plat et débordant sur les grands côtés. J'ai fait fouiller la jayantière appelée: Lo Cap del Fran de Cazale. Deux dalles latérales posées de champ, longues de 3^m 25 cent. et séparées par un intervalle de 1^m 57 cent.; deux dalles posées également de champ aux deux extrémités entre les deux premières et une autre grande dalle couchée à plat, mais dont il ne reste que le quart, voilà en quoi consistait cette antique sépulture. Après avoir fait déblayer l'intérieur à une profondeur de plus d'un mètre, j'ai retrouvé le fragment de la dalle supérieure, brisée probablement depuis des siècles et dont l'épaisseur variait de 20 à 25 centimètres. Au-dessous gisaient en partie écrasés par la chute de la dalle, les ossements de six individus, hommes, femmes et enfants. Rien d'extraordinaire dans leur taille; aucune tête n'était entière, ce qui ne m'a pas permis de juger par la forme des crânes si la race à laquelle appartenaient ces individus différait ou non de la race actuelle. Cette sépulture ne renfermait aucune trace d'armes en silex ou en bronze, je n'y ai trouvé qu'une notable quantité d'os de *lièvres* et une vertèbre de gros chien. Ces ossements étaient mêlés avec les restes humains, ce qui semblait attester que leur inhumation date de la même époque que celle des individus renfermés dans ce tombeau.

« Les tombes de ce genre, ajoute M. Devals, renferment un ou plusieurs squelettes et on y trouve des objets en bronze, mais plus fréquemment d'une autre nature, comme par exemple des colliers faits de rondelles extraites d'un coquillage et percées d'un trou au milieu. A la Verrouille, près Bruniquel, on trouva dans une jayantière les restes d'un guerrier et d'un cheval, des haches en silex et de petits disques en bronze fortement allié d'étain, qui peut-être avaient appartenu à un ceinturon. »

Les petits dolmens, malgré leur peu d'élévation au-dessus du sol, conservent cependant tous les caractères distinctifs des grands monuments:

Dans les petits dolmens, la table repose sur les supports seuls.

Dans les sarcophages, le couvercle repose à la fois sur les supports et sur le sol.

Le *petit dolmen* a toujours son ouverture latérale, mais cette ouverture a dû se fermer, comme dans les grands dolmens, par une pierre ou un blocage appuyé seulement contre la table.

Les *sarcophages* ne sont jamais ouverts d'un côté et leur couvercle repose également sur les quatre parois.

Les *petits dolmens* sont comme leurs grands homonymes :
1° Sur un tumulus ou sous un tumulus.
2° Sur le sol.
3° Entourés de menhirs ou pierres levées.

Ainsi que nous venons de le dire, les petits dolmens ont presque habituellement un de leurs côtés ouvert. Dans les grands dolmens, cette ouverture

Fig. 11. — DOLMEN DE TRIE (OISE)
d'après Carro.

était destinée à donner accès à de nouvelles sépultures dans le monument, mais le peu d'écartement des supports et leur peu d'élévation rendaient cette œuvre impossible dans les petits dolmens à auge; il eût été bien plus aisé de soulever la table pour placer une nouvelle sépulture dans le monument. Il faut donc que cette ouverture ait été réservée dans un autre but que nous ignorons. Ce qui le ferait supposer, c'est qu'on rencontre quelques dolmens de plus grande taille, fermés aux quatre extrémités par des supports fixes, dont l'un d'eux est percé d'un petit trou rond ou carré qui suppléait à l'immobilité des supports, sans offrir cependant un espace suffisant au passage d'un corps humain. Nous citerons, comme exemple de ce genre, le dolmen de Trie, les dolmens de Palestine et quelques-uns de ceux des Indes.

DOLMENS APPARENTS, DE FORMES EXCEPTIONNELLES.

Le dolmen de Riestedt, près d'Ulzen en Hanovre, a droit ici à une mention particulière pour la bizarrerie de sa construction:

Douze supports sont mélancoliquement groupés autour de cinq gros blocs erratiques de granit rouge qui ont dédaigné leur appui et reposent sur le sol du tumulus. Tel qu'il est, ce monument est intact et sa bizarrerie de

Fig. 12. — DOLMEN DE RIESTEDT (HANOVRE).

construction ne peut provenir que du caprice ou de la maladresse de l'architecte chargé de l'édifier. Le dolmen a la forme d'un carré long de 13^m sur 2. Il couronne le faît d'un tumulus d'un mètre de haut. L'élévation de ces faux supports varie de 0,75 à 1^m 30. Cette différence d'élévation devait être compensée par l'inégalité d'épaisseur des tables.

IIe Classe. — DOLMENS COUVERTS D'UN TUMULUS.

Les dolmens de cette classe sont enfouis tout entiers sous le tumulus ou seulement jusqu'aux tables (voyez fig. 4); les supports se trouvent toujours juxtaposés et les interstices produits par les inégalités de la pierre soigneusement fermés avec de petits cailloux destinés à empêcher l'infiltration des terres dans l'intérieur du monument. Le dolmen couvert, à corridor et à chambre, n'est qu'un dolmen à allée, joint à un dolmen carré, allongé ou rond, le point de jonction restant ouvert. L'entrée de l'allée est cachée sous le tumulus avec le reste du monument. La destination de cette allée est de ménager un accès dans la chambre à travers la butte pour les sépultures successives, ses proportions varient comme celles de la chambre elle-même. Le Schleswig possède des dolmens couverts dont l'allée a 7^m de long, 2 de large et 1,45 de hauteur. L'un des plus gigantesques monuments de ce genre est celui d'Antéquera, près de Malaga, en Espagne : 10 supports à chacune des parois latérales, le vingt et unième fermant une des extrémités du dolmen; 5 blocs de couverture; 2 autres blocs placés aux deux côtés de l'entrée; 3 formant piliers à l'intérieur, et reposant chacun au point de jonction de deux tables. Ces piliers paraissent avoir été taillés, mais les supports ne sont que grossièrement équarris; le quatrième côté du dolmen est ouvert du côté de l'est; hauteur intérieure 5 mètres, longueur 27, largeur 7. La plus grande pierre a 7 mètres de large, 9 de long et 1^m 46 cent. d'épaisseur. Le monument est un calcaire tertiaire.

— 18 —

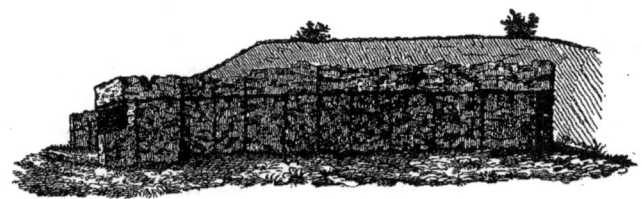

Fig. 13 et 14. — DOLMEN D'ANTEQUERA
d'après Mitjana.

La chambre du dolmen couvert est souvent divisée elle-même en compartiments. Le tumulus peut contenir plusieurs dolmens. Celui de Plouharnel (Morbihan) en renferme trois : deux dolmens à allée se terminant en sac et un troisième à allée avec chambre à compartiment. Le corridor de ce dernier a 10^m de long, 1,25 de haut et 1 de large. La chambre mesure 2^m,80 de large, 3,45 de long et 1,25 de haut. Le compartiment ou cellule a 1^m de large, 1,49 de long; on y pénètre par une ouverture de 0,54 de large. Lorsque la chambre et ses cellules se trouvaient remplies, l'allée servait encore de sépulture; le monument de Plouharnel a offert encore un exemple de ce genre.

Les tumuli de dolmens ont fréquemment été utilisés plus tard pour y enfouir des morts ou des urnes funéraires, et le contenu de ces tombes, amalgamé avec celui des dolmens par l'inexpérience des ouvriers, a produit maintefois d'étranges anachronismes. C'est ainsi que Wilson (*Prehistoric annals of Scotland*) parle de bagues, de vases et de cornes d'or ciselées, comme provenant de dolmens. Je donne ici (pl. II, fig. 8) le dessin d'une de ces bagues qui aurait été trouvée avec le marteau en pierre (pl. IV, fig. 1) sous le même monument [1].

DOLMENS COUVERTS DE FORMES EXCEPTIONNELLES.

I. La Pierre Turquoise, dans la forêt de Carnel, près de Beaumont (Seine-et-Oise) : c'est un dolmen hypogée, creusé en terre à trois mètres de profondeur. Ses quatre pierres de couverture apparaissent seules à la surface du sol, alignées les unes à côté des autres en suivant l'inclinaison naturelle du terrain qui descend en pente douce. L'une des tables a 3m sur 4 et 2 ½ d'épaisseur; six supports sur un côté et quatre de l'autre; les plus larges ont 2m 70 cent. sur 3 de hauteur. L'une des extrémités est fermée par un seul bloc, l'autre aboutit à une petite cellule par une entrée de 1m sur 0,75 cent. Cette cellule, en partie écroulée, n'est recouverte que d'une seule table. Les supports n'atteignent pas tous jusqu'aux tables, et les interstices sont fermés par un ouvrage moderne de maçonnerie fait, dit-on, par ordre du prince de Condé, qui se servait de ce dolmen comme rendez-vous de chasse.

[1] Je dois ce dessin à l'obligeance de M. Dick, Esq., à Craigengelt, près Stirling.

Fig. 15 et 16. — DOLMEN DE PIERRE TURQUOISE (SEINE-ET-OISE).

II. Les dolmens de Tumiac, St-Michel et Manné-er-Hrock (Morbihan): murs en pierres sèches, y remplaçant en partie les supports monolithes (pl. II, fig. 1 et 2).

LES MONUMENTS DU NORD ET CEUX DU SUD.

Dans tout le nord, sauf la France, les dolmens apparents et les dolmens couverts se trouvent en proportions à peu près égales. L'enceinte de pierres y domine; ces enceintes, circulaires en Angleterre, figurent en Allemagne un carré long; les tables, formées de blocs erratiques, donnent à l'ensemble du monument un aspect lourd et informe.

Fig. 17. — DOLMEN DE L'EBERSDORFER-FORST, PRÈS WISMAR (MECKLEMBOURG).[1]

[1] Dolmen construit sur un tumulus; enceinte circulaire de pierre; il ne reste que trois supports, s'élevant de 0,11 cent. hors de la butte.

Fig. 18. — DOLMEN DE RUDENBECK, PRÈS CRIVTIZ (MECKLEMBOURG).[1]

En France on rencontre, au contraire, des dolmens apparents et sans enceinte; ils sont d'une construction plus hardie et mieux proportionnée; les tables, quelle que soit leur dimension, ont une forme plus allongée, j'allais dire plus élégante. Dans les départements rapprochés du centre et dans tout le midi, les petits dolmens apparents dominent. *En résumé, les grands monuments sont en majorité dans le nord, en minorité dans le sud.*

Fig. 19. — DOLMEN D'ARRAYOLOS (PORTUGAL)
d'après Kinsey, *Portug. illustr.*

[1] Ce dolmen, en partie détruit, avait primitivement la forme d'allée; 4 supports de chaque côté, deux à une extrémité (l'autre extrémité faisant entrée) et deux tables (il n'en existe plus qu'une). La longueur du monument a dû être de 6 mètres; largeur 2,30. Les tables à 1^m au-dessus du sol. Les supports sont plus élevés d'un côté que de l'autre, pour compenser la pente du terrain sur lequel le dolmen se trouve construit.

CONSTRUCTION DES DOLMENS.

Comment de pauvres barbares, privés de toutes les ressources de la mécanique moderne, ont-ils pu détacher de la carrière les matériaux nécessaires à la construction de leurs gigantesques monuments? Quels moyens employaient-ils pour placer sur leurs supports les pierres énormes qui les recouvrent?

Dans le nord, on utilisait comme matériaux les blocs erratiques; ailleurs on se servait des fragments de roches détachées; mais ces ressources étaient insuffisantes et il fallait recourir le plus souvent à des procédés mécaniques pour se procurer des matériaux de construction.

La pierre a, comme le bois, un sens dans lequel elle est plus facile à fendre: c'est par là qu'on l'attaquait avec des marteaux de pierre, en taillant en ligne droite et à des distances rapprochées, des creux pareils à ceux que produit le choc répété des cailloux sur la pierre des cantonniers. En frappant toujours aux mêmes points et sur la même ligne, on parvenait à fendre le bloc et on achevait de le dégager à l'aide d'un feu violent. On pouvait aussi employer des coins en bois, qu'on introduisait dans une fissure naturelle du rocher et qu'on arrosait ensuite d'eau; le bloc se détachait sous l'action du bois gonflé par l'humidité.

Les matériaux ainsi préparés, on commençait à disposer la tombe avant de dresser le monument.

La dépouille du mort ou l'urne cinéraire était déposée *sur* la surface ou *sous* la surface du sol et recouverte de terre ou d'une *pierre tombale*, puis on enfonçait les supports tout autour de la tombe. Mais l'œuvre la plus difficile restait encore à faire : il s'agissait de placer sur ses montants la pierre ou les pierres de couverture (tables) qui forment le couronnement de l'édifice et lui donnent sa solidité.

Dans une séance de la Société des antiquaires du Nord, présidée par le défunt roi de Danemark, Frédéric VII, cet auguste et savant archéologue lut une notice rédigée par lui, sur la *construction des salles de géants;* cette notice a été publiée en 1861, en tête des Mémoires de la Société. Dans ce remarquable travail, l'illustre antiquaire énumère les différents moyens qui peuvent avoir été employés pour mettre les pierres de couverture en équilibre sur leurs montants. Nous rapportons ici celui de ces procédés qui paraît le plus simple :

1° Recouvrir les supports d'un amas de terre formant plan incliné avec le sol ;

2° A l'aide de rouleaux et de leviers en bois, faire glisser le bloc de couverture sur ce plan incliné jusqu'au haut de la plateforme en terre qui cache les supports et les maintient solidement en place.

Ce travail accompli, l'édifice se trouvait terminé et il ne s'agissait plus, pour les dolmens apparents, que d'enlever la terre qui avait servi au transport des tables, à la répandre sur le sol et à niveler ensuite le terrain tout à l'entour, comme le faisaient les constructeurs de tumuli, une fois leur butte funéraire achevée.

Le dolmen apparent serait ainsi un monument complet, le dolmen couvert un monument inachevé qu'on n'aurait pas dégagé de son échafaudage.

La construction du dolmen apparent de *Pierre Martine*, près de Livernon (Lot), offre une particularité remarquable que je signale ici. Le bloc de couverture présente de loin l'aspect d'un bateau, et sa forme cintrée permet de le balancer sur deux supports à l'aide d'une simple pression de la main. L'agencement des montants semble indiquer qu'il ne s'agit pas ici d'un simple hasard et que ce tour d'équilibre a été savamment combiné.

Fig. 20. — PIERRE MARTINE (LOT).[1]

DES MENHIRS COMME CLOTURE DU DOLMEN.

Les menhirs ou pierres levées servent souvent d'enceinte aux dolmens. Faut-il en conclure que ceux que l'on rencontre isolés ou réunis par groupes en forme d'allée ou de cercle, comme à Carnac ou à Stone-hedge, appartiennent tous au même peuple et à la même époque? Assurément non. Le menhir est un monument banal qui n'a ni âge ni patrie; il sert encore aujourd'hui de clôture, de borne territoriale, de cippe funéraire, de monument commémoratif, et on le retrouve constamment avec ces différentes destinations à toutes les époques et dans tous les pays.

L'Ancien Testament fournit le document historique le plus ancien sur les menhirs. « Et Jacob prit la pierre dont il avait fait son chevet et la dressa pour monument, et il versa de l'huile sur le sommet de cette pierre. Et il appela ce lieu-là Bethel. — Et cette pierre, dit-il, que j'ai dressée comme monument sera la maison de Dieu. » (Genèse, 28.) Le livre attribué à Josué nous montre ce chef hébreu faisant dresser douze menhirs au milieu du Jourdain: « Et quand ces enfants interrogeront à l'avenir leur père, disant: Que veulent dire ces pierres? Alors vous leur répondrez : que les eaux du

---

[1] Une table ; deux supports dressés en longueur sur les côtés ; un troisième support au fond ; le quatrième côté ouvert. La table a 5m de long, 2,70 de large ; supports, 1,60 de haut.

Jourdain s'écoulèrent devant l'arche d'alliance quand elle passa le Jourdain, ainsi ces pierres-là serviront de mémorial aux enfants d'Israël à jamais. » (Josué, 4.)

Les menhirs ont encore figuré comme emblème de la Divinité avant que le ciseau de l'artiste sût les travailler. Pline l'ancien en fait mention: *Trabes ex eo* (lapide) *fecere reges quodam certamine, obeliscos vocantes, solis numini sacratos. Radiorum ejus argumentum in effigie est*[1]. (*H. n.*, XXXVI, 14.) La Junon de Thespis, Diane Icarienne, étaient représentées sous la forme d'un menhir de forme conique.

Dans le moyen âge, ces pierres, jadis consacrées aux divinités païennes, conservèrent encore longtemps leur prestige. Le peuple des campagnes leur attribuait des vertus merveilleuses. Elles guérissaient les malades, donnaient la fécondité aux jeunes mariées, démasquaient les parjures, etc., etc. Dans son roman du *Chevalier au lion* (XIIIme siècle), Chrétien de Troyes signale une pierre de la forêt de Brezilian, en Bretagne, qui avait la propriété de déchaîner les tempêtes lorsqu'on l'arrosait d'eau.

Enfin les légendes nous montrent les pierres dressées comme servant de lieux de rendez-vous aux gnomes, aux farfadets et aux fées à l'heure de minuit.

Réunis en groupe, les menhirs forment non-seulement enceinte aux dolmens, mais encore aux tumuli et aux tombes plus récentes de l'Enisséi en Sibérie et de la Norwége. Ailleurs ils protègent l'abord d'une place consacrée au culte; l'exemple le plus remarquable que l'on puisse citer en ce genre est celui d'Anajapura dans l'île de Ceylan, où ils décrivent autour du temple de Buddha une vaste enceinte composée de cinquante-deux piliers de granit hauts de quatre mètres.

La destination des grandes allées et des cercles de pierre qu'on rencontre en Europe exerce depuis longtemps l'imagination des antiquaires. On en fait des *temples druidiques*, des représentations de champs de bataille, des

[1] Strabon IV (*Hispania*) énumère les différentes destinations des menhirs dans l'antiquité. Keysler (*Antiq. sept.*) reproduit les décrets des conciles contre le culte des pierres.

lieux de réunion politique où se rassemblaient les *house of commons* de ces temps reculés; mais jusqu'ici le problème est resté sans solution et l'on ne peut que constater la désolante ubiquité des menhirs simples ou en groupe, sur toute la surface du globe habité.

Dernièrement encore, un missionnaire jésuite, le Père Kohen, a découvert en Arabie, dans le district de Kasim, près de Khabb, trois vastes cercles de pierres pareils à celui de Stone-hedge et composés chacun de groupes de trilithes d'une grande élévation.

PIERRES SCULPTÉES DANS L'INTÉRIEUR DES DOLMENS.

On a trouvé assez fréquemment dans les dolmens des sculptures taillées sur la surface intérieure des tables ou des supports. Dans le Jutland (province de Hiltborg) on a reconnu sur une des dalles intérieures d'un dolmen, des caractères gravés qui ont quelque analogie avec les lettres runiques.

A St-Sulpice-sur-Rille (département de l'Orne), un support de dolmen porte *trois petits croissants* gravés en creux et disposés en triangle. Près de Vannes, un de ces monuments funéraires, fouillé par M. Louis Galles, présente, sur un de ses supports, l'effigie de deux pieds humains vus en-dessous. Sur la surface inférieure de la pierre de couverture du dolmen connu sous le nom de *Table aux marchands* à Loc-Maria-ker (Morbihan), on aperçoit la représentation d'une hache en pierre emmanchée (pl. I, fig. 3). Sous celui des *Pierres plates,* ce sont des cercles ou disques concentriques, des lignes cintrées, des feuilles de fougère et d'autres dessins méconnaissables. A Tumiac (Morbihan), on distingue sur le support vertical du fond de ce dolmen, trois palettes ovoïdes rattachées entre elles par des lignes qui se coupent en croix et deux espèces de barres terminées en crochet (pl. II, fig. 1 et 2).

Manné-er-Hrock (Morbihan) offre encore des dessins de haches emmanchées et une combinaison bizarre de lignes encadrées dans une espèce de cartouche (pl. I, fig. 2).

Le dolmen de Gavrinis (Morbihan) se distingue entre tous par la richesse de ses sculptures (pl. I, fig. 1)[1]. Ce sont des cercles concentriques, des croissants, des serpents, des haches, des branches de chêne gravées sur les deux parois latérales des supports. Les haches sculptées en ronde bosse et de grandeur naturelle s'y trouvent disposées par groupes de deux ou trois dans toutes les combinaisons possibles : ici les pointes des armes figurent en regard ; ailleurs ce sont les tranchants ; plus loin on distingue trois haches juxtaposées la pointe en bas, puis deux autres tournées en sens inverse d'une troisième. Bref, la reproduction variée de la pointe et du tranchant rappelle les dispositions du trait et du point dans l'écriture télégraphique, ou celle du coin et du crochet dans les inscriptions cunéiformes.

Ces différentes combinaisons de *celtæ* sont peut-être l'expression d'une langue inconnue qui attend encore son interprète[2].

Les haches constamment reproduites dans les sculptures des dolmens, sont désignées en Bretagne sous le nom de Men juru (pierre de tonnerre). On les appelle en Danemark : Tordensten ; Thunderstone, en Angleterre ; Donnerkeile, en Allemagne ; ce qui a toujours la même signification. Thor, le dieu des races antiques qui ont peuplé la Scandinavie, était le dieu du tonnerre comme Jupiter chez les Romains, Zeus chez les Grecs et Taran chez les Gaulois. Son marteau figurait l'emblème de la foudre. Les haches représentées sous les dolmens pourraient donc être une image sacrée dont l'origine semble remonter à l'Orient[3].

---

[1] D'après Cayot-Delandre.

[2] On a trouvé sous quelques dolmens des sculptures qui paraissent remonter à une époque moins reculée que le monument auquel elles appartiennent, ce qui indiquerait que ces dolmens ont été ouverts pour recevoir une nouvelle destination, puis refermés ensuite. Nous citerons un dolmen des Orcades, qui doit porter sur ses supports des caractères ressemblant au Runic et que l'on attribue aux Normands ; — un dolmen du Brecknockshire, dans le pays de Galles, dont les sculptures sont reproduites pl. II, fig. 9, d'après Camden ; — enfin les dessins bizarres du célèbre monument de Kivic, en Scanie, que Nilsson attribue aux Phéniciens et qui peuvent représenter aussi bien un sacrifice à Wodan qu'à Baal.

[3] Sotacus, dit Pline, distingue deux variétés de Ceraunies, originaires de la Carmanie ; il dit

M. Godard-Faultrier, dans ses *Monuments gaulois de Maine-et-Loire*, donne encore une explication très-ingénieuse sur la présence de la hache sculptée dans les dolmens. Ce serait, selon lui, un emblème sacré destiné à assurer l'inviolabilité à ces monuments, comme le *sub ascia* des Romains, qui tirerait peut-être de là son origine.

EXPOSÉ DES FOUILLES PRATIQUÉES SOUS LES DOLMENS.

Ces sépultures n'ont révélé jusqu'ici que peu de détails sur l'industrie et l'état de civilisation du peuple qui les a érigées. Trop exposées à la vue pour ne pas exciter la cupidité des chercheurs de trésors ou l'empressement des curieux, on les trouve le plus souvent déjà dévastées, et celles qui sont intactes ne contiennent, sauf de rares exceptions, qu'un mobilier funéraire très-mesquin.

Les deux pratiques funéraires de l'*inhumation* et de l'*incinération* y apparaissent simultanément[1], mais l'incinération ne se montre que dans quelques cas isolés, et nous ne connaissons que les dolmens d'Hennebon[2], de Saint-Michel[3] et de l'Ancresse (île de Guernesey)[4], où elle ait été bien authentiquement reconnue. Partout ailleurs on a trouvé des squelettes inhumés assis ou dans une attitude repliée[5].

---

qu'elles ressemblent à des *haches*, que parmi ces pierres, les noires et rondes sont sacrées, et que par leur moyen on prend les villes et les flottes, et qu'on les nomme Bétules, mais que les *longues* se nomment Ceraunies. On prétend qu'il y a encore une autre espèce de Ceraunies, très-rares et recherchées par les Mages pour leurs opérations, attendu qu'elles ne se trouvent que dans un *lieu frappé de la foudre* (Pline, *Hist. nat.*, XXXVII, 51).

[1] A *St-Michel* (Morbihan) : âge de pierre pur, incinération ; à *Tumiac* (Morbihan) : âge de pierre pur, inhumation.

[2] *Suppl. d'antiq. suisses.*

[3] *Bulletin de la Société polymathique du Morbihan*, 1863.

[4] *Archæological Journal*, I.

[5] Cette coutume est également signalée par Diodore de Sicile chez les anciens Troglodytes ; on la retrouve dans les tombes des îles Baléares, en Babylonie et en Crimée. Le tumulus de Zanai-Tepeh, en Troade, contenait un squelette accroupi dans une vaste amphore. Les Lybiens Nasamones, dit Hérodote (l. IV), enterrent leurs morts *assis*.

Les fouilles du dolmen de l'Ancress ont encore révélé un autre mode d'inhumation qui rappelle celui d'un tumulus de St-Aubin (canton de Neuchâtel en Suisse), exploré par le Dr Clément. Les ossements s'y trouvaient *amassés en tas*, ce qui indique qu'on les avait déposés dans la tombe après les avoir dépouillés de leurs chairs au moyen du feu ou de tout autre procédé [1].

DOLMENS NE RENFERMANT AUCUN OBJET DE MÉTAL.

Les monuments du Danemark et de l'Allemagne n'ont fourni jusqu'ici que des objets en pierre ou en os, des poteries, des grains de collier en ambre et des ossements d'homme, de cerf, d'élan, de sanglier, de chien et de cheval.

A *Alt-Sammit*, près de Krakau dans le Mecklembourg : deux dolmens apparents, de 6 mètres de long sur 2,60 de large et 2 de hauteur ; huit supports ; les deux extrémités du monument fermées chacune par un bloc ; bourrelet de terre de 0,60 cent. adossé contre les parois extérieures des supports ; intérieur du dolmen divisé en six compartiments formés avec des cailloux de silex de 0,30 à 0,60 cent. de hauteur ; trois de ces compartiments renfermaient chacun un squelette humain assis sur une couche d'éclats de silex, rougis au feu et le dos appuyé contre les supports ; des haches en pierre ; des couteaux en silex ; des fragments de poterie et des vases entiers à dessins en stries et à écailles formaient le mobilier funéraire.

---

[1] Lorsque le duc Léopold d'Autriche mourut en 1230, en Apulie, ses chairs furent enterrées au mont Cassin et ses ossements rapportés en Allemagne.

La chronique de Tylich raconte qu'un comte de Kefenberg, mort à Jérusalem à la fin du XIVe siècle : « Sepulturam suam in sepulchro progenitorum habere petiit, undè a suis *exossatus*, *ossa* ad Thuringiam reportata, etc. » Le pape Boniface VIII prohiba cette pratique par un édit de 1299 (*Baltische Studien*, 13me année, 1847). — (*Neue Zeitschrift für die Geschichte der germ. Völker*, von Rosenkranz.)

Ces tombes se trouvaient sur la surface du sol et recouvertes d'un gros amas de terre et de pierres. Les trois autres compartiments étaient vides [1].

Sous le dolmen de Tinarlo, dans la province de *Drenthe* (Hollande), on a recueilli des urnes et des grains de collier en ambre. En dehors du monument, au pied des supports, des poteries brisées et des ossements brûlés [2].

L'île de Guernesey possédait plusieurs dolmens encore intacts, qui ont été consciencieusement étudiés par M. Lukis.

La fouille de l'un de ces monuments, celui de l'Ancress, a fourni quelques détails précieux sur l'industrie des premiers colons de l'Europe. A l'extérieur, le dolmen était recouvert d'un tumulus avec enceinte de pierres. A l'intérieur, un amas de terre occupait tout l'intervalle compris entre les supports et la table.

Couche supérieure: ossements de cheval, de bœuf et défenses de sanglier.

Seconde couche: coquillages, poteries brisées, ossements d'animaux brûlés, pierre à broyer, haches en pierre.

Troisième couche: poteries mal cuites, *espèce de mortier en pierre avec son pilon*, pierre à broyer comme on en trouve dans les stations lacustres, *ossements humains brûlés et non brûlés*, outils en pierre et en silex, coffre en forme de petit dolmen, protégeant une urne décorée de dessins à stries et à chevrons. Autour de l'urne: objets de parure en pierre et en os, grains de collier en terre cuite.

Le dolmen renfermait plusieurs tombes, avec dalle de granit au fond et parois de cailloutages, comme celles d'Alt-Sammit que nous venons de décrire.

Les ossements humains étaient amoncelés par petits tas dans ces espèces de sarcophages et l'on s'apercevait, dès l'abord, qu'ils *avaient été dépouillés de leurs chairs avant de recevoir la sépulture*. Les ossements brûlés formaient des tas séparés, également entourés de pierres.

Plus de cent vases ou urnes ont été extraits de la grande nécropole de

---

[1] *Hünengräber von Alt-Sammit,* von Lisch.
[2] Vestendorp. *Verhandling,* 1815.

l'Ancress. Ces vases se trouvaient vides et ne peuvent avoir contenu que des breuvages ou autre liquide déposé comme offrande.

M. Lukis ajoute qu'il a souvent recueilli, dans les dolmens, des débris de *poissons* et des ossements de *bœufs*, de *chèvres* et de *sangliers*.

Les fouilles du dolmen couvert de West-Kennet, dans le comté de Sommerset, ont présenté des résultats presque analogues à ceux des fouilles de l'Ancress.

Intérieur rempli de terre. Première couche : ossements d'animaux, silex taillés, poteries brisées, os travaillés en alène et grains de collier en schiste bitumineux, faits à la main.

Deuxième couche: ossements de *chèvres*, de *bœufs*, de *chevreuils*, de *porcs*, *dents d'ours*.

Troisième couche : quatre squelettes humains étendus sur le sol naturel; silex ; une cinquantaine de vases brisés, à dessins ponctués et à stries.

Le dolmen apparent de Kermadieu, près d'Hennebon, dans le Morbihan, renfermait presqu'à fleur de terre et aux quatre angles du monument, quatre urnes grossières faites sans l'aide du tour et à ornements à hâchures pointillées. L'une de ces urnes, presque intacte, se trouva encore remplie d'*ossements humains brûlés*. Les autres urnes étaient brisées et leur contenu n'a pas été étudié.

A *Pont de Laîne*, près d'Auray (même département): table à demi-renversée, ne reposant plus que sur deux supports; *pierre tombale* de 1^m 60 c. de long, sur 1,75 cent. de large et 0,35 cent. d'épaisseur moyenne.

Pour enlever ce bloc, il fallut renverser tous les supports qui se trouvaient enfoncés d'un mètre en terre et le briser ensuite en morceaux. Cette opération terminée, mit à jour une terre noire parsemée de ces petits éclats de silex qu'on rencontre habituellement sous les dolmens, et qui servaient peut-être dans les funérailles à se déchirer le corps en signe de deuil, comme chez les Scythes. Pêle-mêle avec ces silex, de nombreux fragments de poterie à ornements en chevrons et à lozanges, assez régulièrement dessinés (pl. II, fig. 6 et 7). On y trouva aussi quelques grains de collier en serpentine (pl. II, fig. 5)[1] pareils à ceux de Tumiac, mais pas trace d'ossements [2].

Le hasard fit découvrir, en dehors du monument, une épaisse couche de charbons et de cendres, remplie de débris de poteries semblables aux autres et qui avaient été déposées presqu'à fleur de terre contre les parois extérieures des supports [3].

Dolmen couvert de Manné-er-Hrock, près de Loc Mariaker (Morbihan) : ce monument était enfoui sous un tumulus de 10 mètres d'élévation ; trois tables forment couverture et les supports y sont en partie remplacés par des murs en pierres sèches.

L'intérieur du dolmen présentait un espace vide de 1^m 70 cent. de hauteur. En pénétrant dans cette crypte, les explorateurs virent étalés sur le sol : trois grosses pendeloques en serpentine, un grand anneau plat (pl. III, fig. 2) et une hache en jade. Après qu'on eut enlevé une couche de terre de cinq à six centim. d'épaisseur, on rencontra des *pierres tombales* divisées en deux compartiments par une rangée de cailloux posés de champ.

Sous les pierres tombales : cent et une haches en trémolithe et en jade ; grains de collier en serpentine ; trois morceaux de silex tranchants ; des charbons et quelques débris de poteries. La pierre sculptée que nous avons reproduite plus haut se trouvait aux parois supérieures de ce dolmen [4].

St-Michel, près de Carnac, présente une construction analogue à celle de Manné-er-Hrock. Élévation du tumulus, 10^m ; hauteur du dolmen, 0,95 cent. L'intérieur du monument était dégarni de terre et le sol couvert d'une couche de poussière noirâtre ; on y recueillit 39 haches en pierre de toutes grandeurs et d'un poli admirable, plusieurs étaient percées d'un trou vers la pointe ; de nombreuses pendeloques en serpentine et des grains de collier faits avec l'os crural d'un très-petit volatile, scié et poli.

---

[1] Ces pierres ont été déterminées par le professeur Studer, le savant géologue bernois.

[2] Cette absence d'ossements n'a rien de surprenant. Dans bien des tumuli, les squelettes se décomposent sans laisser de traces visibles.

[3] Fouilles faites en 1862.

[4] *Manné-er-Hrock*, par René Galles, 1863.

Sous les pierres tombales: débris de bois, de charbons et restes d'*ossements humains calcinés.*

Dolmen couvert de Tumiac (Morbihan). Il se compose d'une allée et d'une chambre carrée, dont la hauteur moyenne est de 1ᵐ 65 cent. à l'intérieur; largeur et longueur, 2ᵐ 40 cent. Corridor de 1ᵐ de long, 1ᵐ 80 cent. de large vers le bas et 2ᵐ par le haut. Trois tables font couverture ; elles sont soutenues par trois supports et des murs en pierres sèches ; sur le sol repose une pierre tombale ; sculptures sur l'un des supports de droite.

L'intérieur de cette grotte présentait un espace vide de 1ᵐ 65 cent. *Sur la pierre tombale*, recouverte d'une couche de détritus ressemblant à du terreau de bois, reposaient les restes d'un squelette humain, des grains de collier en serpentine (pl. III, fig. 1) et une trentaine de haches en jade et en trémolithe. La plus grande de ces haches mesure 0,45 cent. de longueur ; quelques-unes sont percées d'un trou vers la pointe [1].

A Limalonges, arrondissement de Melle (Deux-Sèvres), dolmen apparent de *Pierre pèse.* Une seule table de 7ᵐ de long, 4 de large et 1 d'épaisseur, soutenue par trois supports à 1ᵐ 30 cent. de hauteur: ossements ; pointes de flèches en os et en silex ; haches en pierre [2].

Dolmen couvert du Pé, en Vendée: formant une allée de 20 mètres de long sur 1 de large : dents humaines, crâne de *chien,* os de *chèvres* et de *brebis,* coulant en grès, poteries brisées [3].

M. Delpont de Livernon (Lot), qui a exploré dans son département 52 dolmens, signale, comme résultat de ces fouilles, des ossements humains ; des pointes de flèches et haches en silex, en porphyre et en trappite ; des fragments de poteries grises ou noirâtres et des ossements de chevaux, bœufs, bêtes à laine et oiseaux ; des ornements en pierre et en os en forme d'œufs, percés aux deux bouts et de petits disques de la même matière également

---

[1] *Rapport sur la découverte d'une grotte sépulcrale dans la butte de Tumiac en 1853*, par M. Fouquet.
[2] *Statistique des Deux-Sèvres,* par Dupin.
[3] *Ant. celt. du Bernard*, par l'abbé Baudry.

percés. Les ossements humains y étaient empilés le plus souvent sans ordre. Un dolmen de la commune de Gramat, formé de quatre supports de 3 mètres de long sur 1 de haut, et partagé en deux compartiments, renfermait de nombreux ossements humains couchés transversalement, des dents de bœuf, de petits cylindres en os, des fragments de poteries, des ongles d'oiseaux du genre corbeau et des coquillages de mer, tels que peignes, buccins, porcelaines, etc.[1]

Étrurie. A Saturnia, près d'Orvitello, et à 20 milles de la mer: plusieurs dolmens couverts jusqu'aux tables et quelques-uns à compartiments intérieurs formés d'une dalle enfoncée perpendiculairement en terre. Leur longueur varie de 3^m à 5^m 50 cent.; leur largeur, de 2^m à 5^m 50: hauteur, 2^m. Ces dolmens ne renfermaient que des squelettes humains; la pauvreté de leur contenu offrait un contraste frappant avec l'exubérante richesse des tombes étrusques.

Fig. 21. — DOLMEN DE SATURNIA
d'après Dennys.[2]

DOLMENS RENFERMANT DES OBJETS EN MÉTAL.

En Angleterre. M. Lukis, dans ses nombreuses fouilles, n'a jamais trouvé d'autre objet en métal sous les dolmens qu'un *bracelet en cuivre.*

---

[1] *Statistique du département du Lot,* par Delpont.
[2] Dennys, *Étrurien.*

J'ai déjà décrit, dans mon Supplément d'Antiquités, *le tumulus de Plouharnel* (Morbihan), recouvrant trois dolmens à allée, dont l'un renfermait : deux *bracelets en or*, une espèce de *ligule en bronze*, une hachette en silex poli et des poteries brisées.

Sous le dolmen couvert de *Bois-Bérard* (près de Saumur), auquel M. Godard-Faultrier[1] refuse ce titre, on trouva une dent de sanglier ajustée à un manche en os de forme ovoïde, des squelettes humains, des ossements de *bœuf* et de *cheval*, des pointes de flèche, de nombreux éclats de silex et *un poignard en bronze*. Ce dolmen avait 17 supports, une seule table et 2 à 3 mètres de vide.

Deux dolmens *du département du Lot*, explorés par M. Delpont, renfermaient chacun un *poignard en bronze;* dans un troisième, à *Miers*, appelé : *Peyro levado* et porté sur une légère éminence, on trouva une *épée en bronze* (pl. II, fig. 3), des fragments de poterie, des disques en os, percés dans le milieu et ayant formé collier et *une petite pince en bronze* de 0,10 cent. de long. Ce dolmen était en forme d'auge, sa hauteur d'environ 0,50 cent.; le squelette se trouvait entouré de petites dalles et reposait sur un pavé de pierres. On découvrit un second squelette en dehors du dolmen, couché le long des supports[2].

A Gramat (Lot), un petit dolmen *à auge*, formé de trois supports dressés en longueur, contenait des fragments de poterie sans ornements, des ossements humains, un *morceau de bronze* très-mutilé, rappelant par sa forme le haut d'un poignard, un grain de collier et une alène en os. Ces objets reposaient sur un pavé de dalles à 0,50 cent. au-dessous du niveau du sol[3] (pl. III, fig. 3 à 9).

En Espagne, à Eguilaz (province d'Alava), il existe un grand dolmen couvert, de 4ᵐ de long et plus de 3ᵐ 40 cent. de large; sa hauteur atteint environ

---

[1] *Monum. gaulois de Maine-et-Loire.*

[2] Communication de M. Lalé, de Miers, qui a exécuté cette fouille de concert avec feu M. Delpont en 1846.

[3] J'ai exécuté cette fouille en 1864, avec le concours de M. de Jaubert d'Ysserens.

3ᵐ 50 cent.; il a la forme d'un fer à cheval avec l'ouverture tournée vers l'orient. Il renfermait plusieurs cadavres enfouis sous quelques pieds de terre et accompagnés d'armes et d'autres objets de différente nature; c'étaient des *espèces de lances et pointes de flèche en cuivre et en pierre*, des silex finement taillés en scie, *une tige pointue en bronze* ayant la forme d'un clou sans tête[1], et d'autres objets en bronze que les ouvriers prirent pour de l'or et jugèrent convenable de s'approprier[2]. Cette fouille fut faite en 1832.

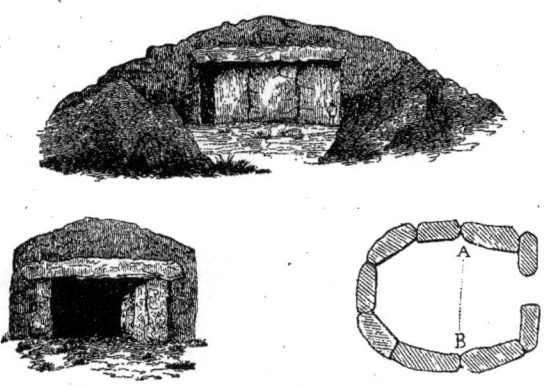

Fig. 22. — DOLMEN D'EGUILAZ
d'après le *Seman. Pintoresco*.

Afrique. A Guyotville, près d'Alger, il existait encore en 1847 plus d'une centaine de dolmens intacts, disséminés sur une longueur de plus d'un kilomètre; ils ont été détruits en grande partie par les colons de ce village; leur hauteur varie de 2ᵐ 60 cent. à 0,80 cent. Quelques-uns de ces dolmens ont été fouillés sous la direction de M. Berbrugger, bibliothécaire à Alger;

---

[1] Como puntas de flecha ò lanza, y una de figura de clavo sin cabeza, todas tres de cobre (bronze?).

[2] ...Las que llegaron a manos del Sʳ Zabalo y que remitio a la Academia con el informo pero se encontraron muchos mas que los labradores escondieron y se llevaron creyendolos de oro. (De Assas, Sem. Pint., 1857.)

ils contenaient des vases d'une exécution grossière (pl. V, fig. 4, 5, 6), des haches en pierre calcaire et en jade, des couteaux et pointes de flèche en silex (pl. IV, fig. 2, 3, 4, 6), et, en fait de bronze, *plusieurs bracelets* (pl. III, fig. 10), *des fragments de fibules* (pl. III, fig. 11), et *une espèce de clou à petite tête* (pl. III, fig. 12).

Près de Constantine on a signalé des groupes très-considérables de dolmens. Ils sont, pour la plupart, à auge de peu d'élévation avec enceinte de menhirs; les corps, enfouis à 40 ou 50 cent. sous le niveau du sol, entourés de petites dalles ou de cailloux, se trouvent repliés sur eux-mêmes avec les genoux ramenés vers la poitrine et touchant presque le menton, comme dans les tombes des anciens Lybiens d'Hérodote (l. IV). Ces dolmens ont fourni des poteries grossières, des haches et autres objets en pierre, et l'un d'eux, *une bague en cuivre, avec fleur à quatre pétales irrégulièrement gravée sur le chaton* [1] (pl. II, fig. 4, d'après les dessins de M. Féraud, *Revue de Constantine*).

Fig. 23. — DOLMEN DE GUYOTVILLE.
Dessin de M. Portmann.

[1] Le scepticisme est une vertu en archéologie, et l'on ne saurait accepter qu'avec défiance le produit des fouilles pratiquées sous les dolmens apparents, car il est évident qu'on a pu déposer dans ces monuments des tombes d'une époque plus récente que celles auxquelles ils étaient destinés. C'est ainsi que j'ai recueilli sous un dolmen de Locmariaker, à 30 cent. de profondeur, des fragments de poteries primitives et une pointe de flèche en silex ; puis, 60 cent. plus bas, deux statuettes de Latone en terre cuite, une monnaie de Constantin II et des poteries romaines (*Suppl. d'antiq.*). Cette bague doit appartenir à une époque beaucoup plus moderne et indique une substitution de tombe.

LES DOLMENS

APPARTIENNENT-ILS A UN SEUL ET MÊME PEUPLE OU A DES NATIONALITÉS DIFFÉRENTES?

Il est des monuments funéraires d'une conception simple et d'une exécution facile qui peuvent avoir été communs à tous les peuples primitifs: un amas de pierres (cairn) ou de terre (tumulus), une caverne fermée par un bloc ou un mur de pierres sèches, une fosse entourée et recouverte de dalles, tels sont les moyens que les sauvages emploient encore aujourd'hui pour mettre la dépouille de leurs morts à l'abri de la dent des carnassiers ou de l'insulte des impies; aussi retrouve-t-on ces différents genres de sépultures dans le monde entier.

Les dolmens, malgré la grossièreté de leur architecture, présentent en revanche une bizarrerie de conception et une difficulté de mise en œuvre qui les distinguent de tous les autres monuments de l'antiquité.

Bizarrerie de conception par cet échafaudage de blocs qui atteignent souvent des proportions gigantesques ou ne figurent, dans les dolmens à auge, que comme accessoire, comme décoration extérieure de la tombe.

Difficulté de mise en œuvre lorsqu'il s'agissait de poser en équilibre, sur des supports de 6 à 10 pieds de haut, des blocs pesant jusqu'à 800 quintaux. Aujourd'hui encore, ce problème ne serait pas d'une exécution facile; il devait l'être bien moins, à une époque où l'on n'avait pas à sa disposition les crics, les chaînes, les leviers en fer et toutes les ressources mécaniques que possèdent nos architectes.

Pour élever un tumulus, il ne faut que beaucoup de terre, beaucoup de bras et beaucoup de temps; mais ce qu'on admire dans les dolmens, c'est le merveilleux esprit d'invention de ce peuple primitif qui a pu suppléer, par d'ingénieuses combinaisons, aux ressources matérielles dont il était dépourvu en élevant ces monuments titaniques. Il y a là à la fois complexité d'invention et complexité d'exécution, qui ne peuvent se produire simultanément chez des peuples étrangers l'un à l'autre.

En second lieu, les dolmens forment une chaîne presque continue depuis la Baltique jusqu'aux frontières de l'ancienne Cyrénaïque (pays de Barca)[1]; dans ce vaste espace, ils ont des limites précises en dehors desquelles on ne les trouve pas. Il y a donc eu dans l'Europe occidentale et sur le littoral nord de l'Afrique, un peuple qui érigeait des dolmens et d'autres qui n'employaient pas ce genre d'architecture funéraire. On peut conclure, *avec certitude*, de ces différents faits: *que la chaîne de dolmens s'étendant depuis les rives de la Baltique jusqu'aux frontières de l'Égypte est l'œuvre d'un seul et même peuple.*

Les groupes de dolmens reconnus en Crimée, en Palestine, en Grèce, en Étrurie, en Corse et aux Indes, représentent six rameaux séparés du tronc principal, mais l'absence de fouilles régulières et le manque de renseignements archéologiques de cette nature, sur les contrées intermédiaires, n'ont pas encore permis de déterminer l'ordre dans lequel ils se suivent et l'âge auquel ils appartiennent; il y a donc *probabilité et non évidence que ces six groupes de dolmens ont, avec ceux de l'Afrique et de l'Europe occidentale, une source commune et qu'ils appartiennent à un même peuple, dont le nom et l'existence se perd dans les ténèbres des temps anté-historiques.* Ce gigantesque pèlerinage de toute une nation, ne fut que le prélude de celui des Celtes, des Goths, des Huns et des Vandales.

Enfin, et sans m'écarter de la réserve que je me suis imposée, l'étude

---

[1] Strabon paraît faire allusion aux dolmens, dans ce passage sur le *promontoire sacré*, aujourd'hui Cap St-Vincent (Portugal) : « Lapides multis in locis ternos aut quaternos impositos » (L. III, Hispania).

comparative des ossements trouvés sous les dolmens scandinaves, indique une race d'hommes au-dessous de la taille moyenne, paraissant se rattacher étroitement, par la forme arrondie et la petitesse de leurs crânes, à la branche Finnoise [1], que l'antiquité englobait avec les autres nations du Nord sous le nom générique de *Scythes*.

Fig. 24. — DOLMEN DE MYCÈNE (MORÉE).

[1] Vogt, *Vorlesungen über den Menschen*.

A QUELLE PÉRIODE DE CIVILISATION

APPARTIENNENT LES DOLMENS?

Les dolmens ont subi depuis des siècles tant de dévastations, et ceux qui se trouvent encore intacts renferment, en général, un mobilier funéraire si mesquin et si uniforme que l'exploration de ces monuments est loin d'offrir toutes les ressources qu'on devrait en attendre pour l'étude des mœurs et de l'industrie de leurs constructeurs. Il faudra donc se contenter ici d'indices très-incomplets.

Les ossements d'animaux domestiques et sauvages (cheval, bœuf, mouton, chien, cerf, élan, ours, sanglier) déterrés sous les dolmens, et l'accumulation de ces sépultures près du littoral de la mer ou le long des grands cours d'eau, indiquent un *peuple pasteur vivant du produit de ses troupeaux et de celui de la chasse et de la pêche.*

La découverte, à l'Ancress, d'une *espèce de mortier* et de *pierres à broyer*, pourrait faire supposer que ce peuple cultivait quelques céréales comme les habitants lacustres de l'âge de pierre dans l'Helvétie; on voit cependant que l'agriculture était peu en faveur chez lui, par les grands espaces de terrain consacrés à ses monuments funéraires et l'agglomération de population qui, à en juger par le nombre des tombes, semble s'être concentrée de préférence dans des districts incultes, utilisés encore aujourd'hui pour le pacage des moutons. *Les constructeurs de dolmens attachaient donc peu de valeur au terrain et à la bonne qualité du sol; les lieux trop arides pour produire de grandes forêts et qui n'offraient que de maigres pâturages, furent dès l'origine* leur séjour favori; ils cultivaient rarement la terre et devaient mener la vie nomade des Scythes pasteurs ou des anciens Hébreux.

Les objets recueillis dans les fouilles nous montrent *un peuple d'habiles potiers*, et bien que ses ustensiles en terre soient souvent d'une pâte épaisse, grossière, mal cuite et couverte d'entailles faites à l'ongle, en guise de décoration, il savait cependant aussi fabriquer, sans le secours du tour, des vases élégants de forme et ornés de dessins bien exécutés. *Il excellait surtout à tailler et à polir les pierres dures*, telles que le jaspe, l'amphibole, la trémolithe, le jade [1] et le silex, pour en faire des armes ou des objets de parure; les haches de Tumiac et de St-Michel, en Bretagne, sont de vrais chefs-d'œuvre en ce genre; elles présentent vers le tranchant une surface large et aplatie, et se terminent au côté opposé en pointe effilée, souvent munie d'un petit trou ovale.

Dans le nord de l'Allemagne, ces armes sont plus massives de forme et la partie opposée au tranchant est généralement arrondie ou carrée; aucun dolmen n'a encore fourni jusqu'ici de ces emmanchures en bois de cerf qui paraissent avoir été plus spécialement employées par les lacustres.

Plus tard, ce peuple nomade apprit à connaître l'emploi du bronze et de l'or, mais l'apparition dans les dolmens de quelques rares objets en métal, tous d'excellente fabrication, semble indiquer que ces objets étaient d'importation étrangère ou le résultat d'un contact fortuit avec un autre peuple déjà versé dans l'art métallurgique.

[1] D'après M. Studer, le *jade* doit se trouver en Allemagne et dans les *nagelfluh* suisses.

DU LIEU D'ORIGINE DES DOLMENS
ET DE LEUR DÉVELOPPEMENT.

Où se dirigeait cet essaim de fourmis humaines, en frayant péniblement sa route à travers les continuels obstacles que lui opposait un sol encore bouleversé par les dernières convulsions du globe?

L'histoire ignore l'odyssée et jusqu'au nom de cet étrange peuple de pèlerins; son idiome, ses croyances religieuses, sa destinée finale, sont entourés d'un profond mystère et l'on n'a pas d'autre ressource pour suivre son itinéraire que les tombes qu'il a laissées sur son passage.

Cet itinéraire peut se partager en deux parties : l'une, plus problématique, comprend les îlots de dolmens de l'Inde, de la Crimée, de la Grèce, de la Syrie, de l'Italie et de la Corse; l'autre, qui s'appuie sur des faits archéologiques bien constatés et des indications plus précises, se rapporte à la grande ligne de monuments en pierre qui s'étend depuis la Baltique jusqu'aux frontières de l'Égypte.

Les groupes de dolmens que nous venons de citer forment autant d'anneaux séparés de leur chaîne; mais c'est seulement depuis bien peu d'années que ces monuments, si longtemps dédaignés, commencent à attirer l'attention des voyageurs, et l'on peut encore espérer de retrouver un jour les points intermédiaires qui unissaient ces îlots au grand réseau. Aujourd'hui un pareil travail serait impossible à faire, et l'identité d'architecture de ces monuments permet seule de conclure qu'ils appartiennent tous à une même famille. La première partie de notre itinéraire rentre trop dans le domaine des hypothèses pour qu'il puisse être d'aucune utilité de s'y arrêter longtemps :

On peut supposer que les côtes du Malabar furent le lieu d'origine des dolmens; la présence de ces monuments dispersés sur le versant méridional du Caucase prouve que leurs constructeurs ont pénétré en Europe par les mêmes défilés d'où sortirent plus tard d'autres hordes asiatiques, qu'une heureuse destinée appelait à jouer bientôt un rôle brillant dans l'histoire, sous le nom de Celtes, de Germains et de Goths.

Les dolmens paraissent être très-nombreux sur le littoral nord de la mer Noire; aujourd'hui encore, les Tcherkesses campés sur les derniers plateaux du Caucase, élèvent à leurs morts des tombeaux en bois ou en pierre qui offrent une ressemblance frappante avec les anciens dolmens, et l'on serait peut-être en droit d'en conclure que ce peuple guerrier est un des représentants de la race dont nous cherchons à suivre les traces, d'autant mieux que l'idiome de ce peuple se rapproche plus du finnois que de tout autre système de langue.

A partir du Caucase, les émigrants s'échelonnèrent le long des côtes de la mer jusqu'en Crimée. Mais ils obstruaient ainsi le passage à toutes les grandes migrations qui ont débordé depuis en Europe par les hauts défilés du Caucase. La position de ce peuple ne pouvait pas être longtemps tenable en face de cette bouche de volcan en ébullition, et l'invasion de nouvelles bandes asiatiques dut être le motif qui l'obligea à déguerpir.

Dans quelle direction se dirigèrent les émigrants?

Ici nous sommes forcé d'ouvrir une large parenthèse.

On peut supposer :

1° Que les différents groupes de dolmens appartiennent chacun à des peuples différents.

Nous croyons avoir déjà répondu à cette première hypothèse.

2° Que l'émigration se porta vers le midi et gagna de là le nord en suivant le littoral de l'Afrique, de l'Espagne et des Gaules.

L'étude comparative des dolmens et de leur contenu donne à ce système un démenti formel :

Nord-est : Les dolmens ne renferment jamais d'objets en métal.
Type dominant : couverts, supports dressés en hauteur, blocs gigantesques, *stupendæ magnitudinis*, comme dit Keysler.

Nord-ouest : Le métal (or et bronze) y apparaît *exceptionnellement*.
Type dominant : apparents, supports dressés en hauteur, blocs gigantesques.

Sud : Le bronze s'y rencontre plus fréquemment.
Type dominant : dolmens de moins grande dimension, table plus près de terre, supports ajustés ou dégrossis, dressés dans le sens de leur longueur, souvent en forme d'auge [1].

Si donc l'émigration avait progressé du *sud* au *nord*, il faudrait que l'âge de bronze eût précédé l'âge de pierre et que les petits monuments fussent antérieurs aux grands.

3° Le peuple à dolmens aurait marché vers le nord, traversé les Gaules, l'Espagne, le continent africain, et se serait répandu de là en Syrie, en Grèce, etc.

Il faut se rappeler que cette nation commençait à faire usage du bronze lorsqu'elle débarqua en Afrique; or, la connaissance des métaux dans les Gaules correspond en Orient aux âges historiques. A cette époque, les Égyptiens, les Phéniciens, les Grecs, figuraient déjà sur la scène du monde et leurs traditions auraient conservé le souvenir de cette invasion de nomades de l'ouest. [2]

On peut donc conclure que l'émigration du sud doit avoir coïncidé avec celle du nord et qu'elle eut lieu dans les temps anté-historiques.

---

[1] Cette classification n'est que relative et point absolue. Il existe, près de *Brême*, des dolmens de 0,30 à 0,35 cent. de hauteur, et, dans le midi, des monuments de proportions gigantesques, tels ue ceux de Poitiers, Brantôme, Antiquera, etc. Je parle de la majorité et non de l'exception.

[2] Une tradition recueillie par Hiempsal et conservée par Salluste, fait mention d'une invasion venue d'Espagne, mais qui s'arrête en Lybie. (Les débris de l'armée d'Hercule-Melkart.)

La Crimée formerait ainsi le point central d'où serait parti le peuple à dolmens, en suivant deux courants opposés : l'un se dirigeant vers la Grèce, la Syrie, et peut-être l'Italie et la Corse ; l'autre, vers les régions du nord, en contournant la forêt Hercynienne. Là seulement, on rejoint la grande ligne de dolmens, qu'on pourra désormais suivre avec moins de risque de s'égarer.[1]

Les dolmens d'Oppeln et de Liegnitz sont les premiers qui se présentent à partir de la Crimée ; c'est donc par la *Silésie* que les émigrants ont gagné la Baltique, et ils ont occupé ses rives jusqu'à l'embouchure du Pregel comme limite vers l'est.

Malgré l'acharnement qu'on met à détruire les dolmens depuis des siècles[2], ils se trouvent encore en nombre considérable dans la province de Drenthe, la Frise orientale, le Jutland, le sud-ouest de la Gothie, le Schleswig, le Holstein et la partie de l'Allemagne comprise entre la Baltique et la chaîne des monts Géants (Riesengebirge), de l'Erzberg et du Thüringerwald, qui représente approximativement les dernières limites septentrionales de l'ancienne forêt Hercynienne[3]. A en juger par le nombre de ses sépultures, la région dont nous venons de retracer les limites, devait être occupée par une population compacte. Une cause inconnue, telle que les nécessités de la vie de pasteurs, une famine ou l'invasion d'une autre race[4], contraignit ce peuple à abandonner sa seconde patrie ; mais il se trouvait resserré au nord par la mer, au sud par l'immense forêt Hercynienne, qui scindait la Germanie, dans toute sa longueur, en deux parties, et était encore considérée du temps de César comme une barrière formidable. Il n'y avait donc d'issue qu'à l'est ou à l'ouest.

---

[1] On objectera peut-être ici la distance énorme qui sépare les dolmens de Crimée de ceux de Silésie et de Morée, mais il ne faut pas oublier qu'un peuple en fuite enterre ses morts d'une façon expéditive, surtout si l'ennemi continue à le chasser devant lui.

[2] « On assure, dit Botin (*Elém. d'Archéol.*), qu'en Maine-et-Loire on a employé depuis un siècle, dans le seul arrondissement de Saumur, plus de 40 monuments celtiques au pavé de la levée et à celui de la ville de Saumur (il écrivait en 1814). » La destruction de ces monuments s'opère dans le nord de l'Allemagne sur une grande échelle.

[3] Adelung, *Aelteste Geschichte der Deutschen*. Zeus, *die Deutschen*.

[4] D'après Nilsson, ce peuple primitif serait les Lapons et les envahisseurs les Cimbres.

L'émigration se dirigea vers l'occident en suivant les côtes de la mer. Quelques bandes isolées paraissent avoir pénétré dans le sud de la Belgique et jusque dans le Luxembourg ; mais le gros de la nation traversa sans s'arrêter les vastes marais de la Belgique, qui s'étendaient de l'embouchure de la Somme à celle de la Meuse et du Rhin, en se reliant à la forêt des Ardennes [1].

L'ouest de la Normandie et la Bretagne marquent la première étape de ces hordes errantes.

Les dolmens sont nombreux dans le sud-ouest de l'Angleterre et rares dans l'est, tandis que l'inverse a lieu pour l'Irlande. *Les hordes ont donc envahi l'Angleterre depuis la Bretagne, ou le département actuel de la Manche, par les îles Jersey et Guernesey ; de là elles se sont jetées sur l'Irlande par le pays de Galles et l'île d'Anglesey.*

Le reste de la nation, demeuré sur le continent, ne se hasarda que plus tard à pénétrer dans le cœur de la Gaule, en s'acheminant vers le sud. Arrivé près de la Gironde, l'essaim voyageur abandonne brusquement les côtes de la mer pour éviter les sables incultes de la Gascogne, et remontant le cours de la Dordogne, traverse obliquement la France dans la direction du golfe de Lyon.

Ce long pèlerinage de toute une nation, qui mit peut-être plusieurs siècles à s'accomplir, ne devait pas se faire avec l'ordre et l'ensemble d'une caravane en marche ou d'une armée en campagne. Un danger à fuir, un obstacle à éviter, ou l'attrait de la chasse, peuvent avoir souvent séparé des bandes de traînards du corps principal sans qu'elles parvinssent à retrouver ses traces ; longtemps errantes au milieu des forêts, sans direction et sans guide, ces bandes se seront avancées au hasard dans un sens opposé à celui que suivait le reste de la nation. C'est ainsi que s'expliquerait, selon nous, la brusque apparition de quelques dolmens isolés, en Savoie et peut-être en Suisse [2].

---

[1] *Forêts de la Gaule*, par Maury. *Mém. des antiq. de France*, XIX.

[2] Je dis : *peut-être*, parce que le seul dolmen signalé en Suisse, celui d'Hermetschwyl (canton de Zurich), maintenant détruit, était d'une authenticité très-douteuse.

La masse des émigrants, après avoir atteint le pied des Pyrénées, franchit ces montagnes par les départements actuels de l'Arriége, des Pyrénées orientales et des Basses-Pyrénées, et soit que la partie orientale de la Péninsule ibérique fût déjà occupée par une autre race, ou par un simple effet du hasard, elle longe le versant méridional des Pyrénées, se jette sur le Portugal en gagnant le sud, et, comme on vient de le voir pour les Gaules, traverse obliquement l'Espagne par les provinces de Cordoue, de Grenade et de Malaga; de là elle franchit la mer, se répand sur le littoral nord de l'Afrique et s'arrête dans l'ancienne Cyrénaïque, aux frontières d'Égypte.

Quel fut le sort de ces antiques Pélasges? Après avoir erré si longtemps de pays en pays, trouvèrent-ils enfin sur la terre d'Afrique la nouvelle patrie qu'ils cherchaient? L'histoire reste muette à cet égard, mais on croit retrouver en eux les ancêtres de la race blanche et tatouée des *Tamhou* (en égyptien, peuples du nord) qui habitait sous les Ramsès le littoral de la Lybie.

« Aucun document, dit M. Devéria, n'indique jusqu'à quelle distance au nord-ouest de la vallée du Nil pouvait s'étendre la race en question, et rien n'empêche de croire qu'elle occupa primitivement, à partir de la Lybie proprement dite, toute la côte de l'Afrique; elle peuplait même plusieurs des îles de la Méditerranée. Les Tamhou sont cités dans les inscriptions avec les H'au-nebou ou peuples européens, et même avec les Grecs, ce qui semble indiquer leur connexion avec les habitants de l'Europe. Enfin leur mention devient de plus en plus rare dans les textes de basse époque, et ce dernier fait pourrait s'expliquer par la disparition ou la fusion des derniers restes de la race primitive sur le territoire africain, aux époques qui avoisinent le commencement de notre ère [1]. »

La longue migration dont nous venons de suivre la marche ne dut pas se faire tout d'un trait; les vastes dimensions de plusieurs dolmens démontrent au contraire, avec évidence, que les constructeurs de ces monuments

---

[1] T. Devéria. La race supposée proto-celtique est-elle figurée sur les monuments égyptiens? (*Rev. Archéol.*, janvier 1864.)

ont eu en vue un établissement prolongé. Il faut donc qu'une impérieuse nécessité ait déterminé un peuple, qui poussait si loin le culte des morts, à abandonner pour toujours les sépultures de ses pères. Ici l'on serait tenté de se demander si ce peuple, refoulé peut-être sur les côtes occidentales de notre continent par une race ennemie, n'aurait pas été contraint plus tard, et pour le même motif, de chercher un refuge en Afrique? Les deux faits suivants rendent cette hypothèse impossible :

1° Le peuple à dolmens ne s'est pas avancé de l'intérieur vers le littoral, mais du littoral à l'intérieur.

2° En supposant une défaite, ce peuple n'eût pas eu le loisir d'élever dans sa fuite des monuments qui nécessitent tant de temps et de travail, et qu'on rencontre sur tout le parcours qu'il a suivi.

Il est donc plus rationnel de supposer que la disette, ce fléau des peuples pasteurs, fut ici une cause incessante et perpétuelle de migration ; on en voit un exemple frappant dans la Genèse :

« Mais la famine étant survenue dans le pays (de Bethel), Abraham descendit en Égypte pour s'y retirer, car la famine était grande au pays......

« Lot aussi, qui marchait avec Abraham, avait des brebis, des bœufs et des tentes. Et la terre ne les pouvait porter pour demeurer ensemble, car leurs biens étaient si grands qu'ils ne pouvaient demeurer l'un avec l'autre.

« De sorte qu'il y eut querelle entre les pasteurs du bétail d'Abraham et les pasteurs du bétail de Lot.

« Et Abraham dit à Lot : Je te prie qu'il n'y ait point de dispute entre moi et toi, ni entre mes pasteurs et les tiens, car nous sommes frères.

« Tout le pays n'est-il pas à ta disposition? Sépare-toi, je te prie, d'avec moi. Si tu choisis la gauche, je prendrai la droite, et si tu prends la droite, je m'en irai à la gauche. »

Telles étaient les mœurs qu'une nécessité cruelle imposait aux peuples primitifs et que nos pasteurs durent subir. Il est probable que la nation n'émigrait pas tout entière, mais qu'à de certaines époques un jeune essaim se détachait de la ruche et s'en allait à la recherche d'une nouvelle patrie, en suivant de préférence le littoral de la mer, où il trouvait des moyens de subsistance assurés pour lui et ses troupeaux. C'était le *ver sacrum* des anciens Latins.

Bien des siècles peut-être avant l'invasion du peuple à dolmens dans l'occident de l'Europe, ces contrées étaient déjà habitées par une race de Troglodytes, que l'on sait contemporaine de l'*ours* et de l'*hyène* des cavernes, du *Rhinoceros tichorhinus* et *hemitoechus*, et de plusieurs autres espèces d'animaux qui n'appartiennent plus à la faune actuelle[1]. Ces sauvages disputaient aux bêtes féroces les antres qui leur servaient de repaire et chassaient le renne, le bouquetin et le chamois dans le pays qui fut depuis le Périgord. Ils n'avaient pour armes que des os taillés, des silex et des haches grossièrement dégrossies en forme d'amande; aucun animal ne paraît avoir été domestiqué par eux, pas même le chien.

Les dolmens, au contraire, ne renferment que des ossements d'animaux dont les espèces appartiennent encore à notre époque et leur mobilier funéraire révèle un état de civilisation bien plus avancé que celui des Troglodytes.

D'un autre côté, on trouve les dolmens indifféremment répandus dans des pays occupés depuis par des nationalités très-distinctes, il en résulte :

Que le peuple à dolmens a succédé en Occident à l'homme des cavernes, mais qu'il y a précédé les races historiques.

---

[1] Lartet, *Ann. des sciences naturelles*, 1864, n° 4. — Lartet et Christy, Sur des figures d'animaux gravées et sculptées, *Revue archéol.*, avril 1864. — Boucher de Perthes, L'homme anté-diluvien. — Mémoire sur les habitations troglodytiques de Tarn-et-Garonne, par Devals aîné. — Les kjocken-mœding de Danemark, vastes amas d'ossements et de coquillages qui représentent les étapes d'une race primitive, n'indiquent pas absolument un âge antérieur à celui des dolmens. Ils renferment des ossements de cerf, sanglier, chevreuil, bos primigenius, castor, phoque, grand pingouin, loup, renard, lynx, loutre, chat sauvage et des traces de la présence du *chien domestique*.

RÉSUMÉ.

Après les derniers bouleversements du globe, un peuple pasteur paraissant se rattacher à la race *finnoise* ou scythique, pénètre d'Asie en Europe par les défilés du Caucase et s'échelonne le long du littoral nord de la mer Noire dans la Circassie et la Crimée d'aujourd'hui. Sa langue, sa religion, sont inconnues et l'histoire n'a pas même enregistré le nom de ce rude pionnier qui a cependant frayé le chemin de l'Europe aux autres nations. L'agriculture était peu en honneur chez lui; il vivait surtout du produit de ses troupeaux, auquel il ajoutait celui de la chasse et de la pêche. Dès son entrée en Europe, et aussi loin qu'on peut suivre ses traces, le littoral de la mer a eu pour lui un attrait tout particulier. Sa principale industrie consistait dans la fabrication de poteries, d'outils en os et d'armes en pierre qu'il savait travailler et polir avec beaucoup d'adresse.

Quelques objets en or et en bronze pénètrent plus tard jusqu'à lui par une source inconnue, mais il demeura cependant étranger à l'art métallurgique jusqu'au jour où il renonça à sa vie errante.

Cette nation professait une grande vénération pour ses morts et leur élevait des monuments en pierre d'une forme particulière.

Expulsée de sa nouvelle patrie par d'autres hordes asiatiques, elle se sépare en deux branches, dont l'une émigre vers le sud et se répand en Grèce, en Palestine, en Italie et en Corse; l'autre gagne le nord et vient se fixer dans la région comprise entre la Vistule, la Baltique et la forêt Hercynienne. Au milieu de ce va-et-vient continuel de nations qui se repoussent et sont à leur tour repoussées par d'autres comme les vagues de la mer, le peuple à dolmens paraît avoir échappé à la tourmente durant un assez long espace de temps, puis la famine ou l'invasion d'une nouvelle race le forçant à reprendre son pèlerinage, il se dirigea vers l'ouest en suivant le littoral de la mer.

Quelques bandes détachées du corps principal pénètrent jusque dans le Luxembourg, mais le gros de la nation franchit, sans s'arrêter, les marais de la Belgique et s'établit dans l'ouest de la Normandie et en Bretagne. C'est de cette troisième station que les tribus riveraines, se familiarisant peu à peu avec les dangers de la mer, auraient d'abord occupé les îles de la Manche et se seraient ensuite répandues sur le littoral occidental de l'Angleterre, en Irlande et jusqu'aux Orcades.

Soulagé de son surcroît de population par le départ des nouveaux colons, le peuple pasteur put se maintenir pendant un long espace d'années dans le nord-ouest des Gaules; mais lorsque les ressources naturelles du sol commencèrent à s'épuiser, il étendit lentement ses rameaux vers le sud, le long du littoral de l'Océan, et dans l'intérieur des terres sans être inquiété par les hordes sauvages qui habitaient seules ces contrées depuis une époque reculée.

Quittant ensuite brusquement le littoral pour éviter les sables de la Gascogne, ces Pélasges du nord remontent le cours de la Dordogne et traversent obliquement la Gaule dans la direction du golfe de Lyon. Un de leurs détachements pénètre jusqu'en Savoie et peut-être dans la Suisse, mais la masse des émigrants escalade les Pyrénées, traverse les Biscayes, le Portugal et l'Espagne méridionale, franchit le détroit et pénètre dans l'ancienne Cyrénaïque, en suivant toujours le littoral de la mer. C'est là que ce peuple voyageur paraît avoir enfin élu domicile et l'on croit reconnaître ses descendants dans la race d'hommes blancs et tatoués qui figurent sous le nom de *Tamhou* (homme du nord) parmi les peintures des tombes royales de Thèbes.

— 54 —

DOLMEN DE MOULINS, PRÈS CHATEAUROUX (DÉP. DE L'INDRE).

DOLMEN DE PALESTINE.

EXPLICATION DE LA CARTE.

RUSSIE. — En Crimée, côte méridionale, près de Gaspra et à Soudac. — Presqu'île de Fontan. — Circassie, chez les Tscherkesses.

POLOGNE. — Manque de dolmens.

ALLEMAGNE. — Zone de dolmens comprise entre le Pregel, les frontières occidentales de la Pologne, la Bohême (Riesen-et-Erzgebirg), le Thüringerwald, le sud-est du Hanovre, le Harz, la Westphalie, la Hollande, la mer du Nord, le Holstein et la Baltique.

Prusse. — Prusse orientale : quelques dolmens dans les environs de Königsberg. — Prusse occidentale : deux dolmens à Marienwerder et à Könitz.

Grand-duché de Posen. — Pas de dolmens.

Silésie. — Près d'Oppeln, à Klein-Raden.

District de Liegnitz. — Un dolmen. — Ces monuments sont nombreux dans l'Ukermark, l'Altmark, la Saxe prussienne, l'Anhalt, la Poméranie occidentale et l'île de Rügen.

Mecklembourg. — Très-riche en dolmens.

Hanovre. — Nombreux dolmens. La région sud-est de ce royaume (Göttingen, Ober-Harz et Hildesheim) est peut-être la seule qui en soit dépourvue. Lüneburg, Osnabrück et Stade en renferment plus de 200.

Oldenbourg. — Renferme les plus gigantesques dolmens de l'Allemagne. L'un de ces monuments, près de Wildeshausen, a 7^m de long; celui de Engelmanns Becke est entouré d'une enceinte de menhirs de 11 mètres sur 7 et de 3 de hauteur. La table d'un troisième a 6^m sur 3.

Westphalie prussienne. — Les dolmens ne font qu'effleurer le nord de cette province, près de Minden et près de Münster (à Tecklenburg et à Hümmeling).

Brunswick. — Dolmens détruits, près de Helmstedt.

Royaume de Saxe. — Quelques rares dolmens qui s'étendent jusque dans le district de l'Erzgebirg. — La Lusace. Il existait deux dolmens dans les environs de Dresde; ils ont été détruits.

Holstein. — Nombreux à l'est et à l'ouest, près des côtes.

Schleswig. — Côtes de l'est, très-nombreux.

JUTLAND. — Nombreux au nord et à l'est. Dans les îles de Fionie et de Seeland.

SUÈDE. — Nombreux dans la province de Schonen et rares dans la Gothie occidentale.

NORWÉGE. — Manquent.

HOLLANDE. — Nombreux dans les provinces de Drenthe, de Gröningen et d'Ober-Yssel, manquent au sud.

BELGIQUE. — A Namur, la Pierre au diable. Dans le Luxembourg, aux Ferrières St-Martin, six dolmens. A Romsée, près de Liége.

ILES DE LA MANCHE. — ANGLETERRE.

Iles de Jersey et Guernesey. — Nombreux.

En Angleterre, le principal foyer des dolmens occupe le *sud* et l'*ouest*.

Cornouailles, les îles de Scylly, les comtés de Somerset, de Gloucester, de Wilt, de Berks (dolmen appelé: Wayland Smith's Cave, couvert, à corridor et chambre latérale), *Monmouth, Lancaster*; le sud, l'ouest et le nord du *pays de Galles*, dans les comtés de Pembrock, Cardigan, Caermarthen, Merioneth (dolmen appelé: *Koeten Arthus*, à ceinture de menhirs), la montagne de Mikneint renferme à elle seule plus de 30 dolmens, connus sous le nom de: *Bedhen-Gwyr-Ardudwy*, tombes des hommes d'Ardudy); Carnavon, Brecknock, Denbig (dolmen de Kerig y Drudin, pierre des druides); Glamorgan, où ils sont les plus nombreux; c'est près du Swan-See qu'est le dolmen appelé: *pierre d'Arthus*, dont la table a 4^m 60 c. sur 2^m 30 c.; il a 8 supports; hauteur, 0,60 cent. Ce dolmen recouvre une source d'eau.

Ile d'Anglesey (ancienne Mona). — Nombreux.

Dans le pays de Galles et l'île d'Anglesey, la tradition attribue faussement le plus grand nombre des dolmens aux druides ou au fameux roi Arthus de la table ronde.

Centre et est de l'Angleterre. — Les dolmens y sont rares.

Le Kent en possède quelques-uns à Coldrum et dans la paroisse d'Addington, le fameux: Kilts Colty house (dolmen apparent à une seule table).

York. — Dans le district de Craven: dolmen couvert.

Derby, Leicester. — Quelques dolmens.

Écosse. — Les dolmens y sont très-rares.

Les îles de Cantire et d'Arran, les comtés d'Argyle, Stirling, Forfar et le Lothian méridional renferment quelques-uns de ces monuments isolés. On en voit une dizaine dans l'île de Pomona, qui fait partie du groupe des Orcades. C'est là qu'est le fameux cercle de menhirs de Stennis, qui entoure un dolmen et a environ 100 mètres de diamètre.

Irlande. — Les dolmens y sont dispersés par centaines, particulièrement dans les comtés de l'est et du sud: Monaghan, Down, Armagh, Tiperrary, Limerick, Clare, Vexford, Louth, Kilkenny, Kildare, Karlow, Dublin, Sligo, Cork, Waterford [1].

---

[1] On signale, dans les comtés de Mayo et de Kerry, des ruines d'habitations qui paraissent remonter à une antiquité reculée; l'une de ces demeures (dans le comté de Mayo) porte le nom de: Labba-na-Fathach

FRANCE.
Aube. — Arrondissement de Nogent sur-Seine.
Aude. — Arr. de Carcassonne; arr. de Narbonne.
Ain. — Manquent.
Allier. — Canton de Mayet-de-Montagne.
Aveyron. — Arr. de Millau, près de Buzeins, la table d'un dolmen a 6^m sur 4. — Arr. de Rhodez. — Arr. de St-Affrique. — Arr. de Villefranche. — Les dolmens sont appelés dans quelques cantons de ce département : Cibourniès, c'est-à-dire, en langue d'oc : lieu où l'on dépose les cendres d'un four.
Ardennes. — Manquent.
Aisne. — Arr. de Soissons, à Vic-sur-Aisne, dolmens à 4 supports, dont l'un avec *ouverture taillée*.
Arriége. — Arr. de Foix; arr. de Pamiers.
Ardèche. — Arr. de Largentières.
Bouches-du-Rhône. — Un dolmen entre Aix et Vauvenargues, au *Bois de France*.
Bas-Rhin et *Basses-Alpes*. — Manquent.
Basses-Pyrénées. — Arr. d'Oléron.
Calvados. — Arr. de Vire.
Cantal. — Arr. d'Aurillac ; arr. de Murat.
Côtes du Nord. — Arr. de Lanion; arr. de Dinan.
Charente. — Arr. de Confolens ; arr. de Cognac ; arr. de Rufec ; arr. de Bellac.
Charente-Inférieure. — Arr. de Saintes, de Rochefort, de la Rochelle, de Marennes.
Ile d'Oléron. — Manquent.
Corrèze. — Arr. de Tulle et de Brives.
Cher. — Arr. de Bourges et de Gracay.
Côte-d'Or. — Manquent.
Creuse. — Arr. de Bourganeuf, de Guéret, d'Aubusson.
Corse. — Les dolmens y sont appelés : Stazzona. Vallée de Taravo. — Cauria. — Bezzico Nuovo.
Dordogne. — Arr. de Sarlat et de Périgueux. — Le comte Wlgrin de Taillefer prétendait que ce département contenait *plus de 40 dolmens*, mais il n'y en a que 4 ou 5 seulement.
Drôme et *Doubs*. — Manquent.
Eure. — Arr. d'Evreux et de Bernay.
Eure-et-Loir. — Arr. de Chartres, de Dreux, de Châteaudun.

(lit de géant); elle est presque circulaire, ses murs sont en pierres sèches; ils ont 0,60 c. d'épaisseur, 2^m 30 c. de hauteur et 5 mètres de long. L'entrée est formée d'une pierre transversale posée sur deux supports. Le fait était en pierres plates. Des constructions analogues doivent exister dans les Orcades, et en Écosse, sous le nom de *Picts houses*. On n'y trouve que des ossements d'animaux et des pierres à broyer le grain (querns). — (*Annual Register*, 1774.)

Finistère.— Arr. de Quimper, de Brest, de Morlaix, de Châteaulin, de Quimperlé. — Le dolmen de Primeleu, à *la Pointe du Raz*, recouvre une source. — La baie d'Audierne, la pointe de Pemarch et celle du Toulinguet possèdent de nombreux dolmens.

Gironde. — Arr. de Libourne et de Blaye.

Gers, Haute-Garonne, Gard, Haut-Rhin, Haute-Saône, Hérault, Haute-Marne. - Manquent.

Hautes-Alpes. — Arr. d'Embrun.

Haute-Loire. — Arr. de Brioude, du Puy.

Haute-Vienne. — Arr. de Rochechouart.

Hautes-Pyrénées, Isère, Jura. — Manquent.

Indre. — Arr. de Châteauroux, plusieurs dolmens ont été détruits dans cet arrondissement, depuis 20 ans; arr. d'Issoudun, de la Châtre, de Blanc (à Saulney, dolmen à ceinture de menhirs, table de 6^m de long; 3 supports).

Indre-et-Loire. — Arr. de Tours (Grotte aux Fées, de 11^m de long, 3 de large et 3^m 75 cent. de haut ; corridor et compartiments); arr. de Loches.

Ile-et-Vilaine. — Arr. de Vitré (Roche aux Fées, à corridor et compartiments), de Fougères.

Loire-Inférieure. — Arr. de Savenay et de Nantes.

Lot. — Arr. de Gourdon, de Figeac, de Cahors.

Loiret. — Arr. d'Orléans, de Pithiviers. On indique même comme des dolmens, à quelques kilomètres d'Angerville : le *Grès Lina* et la *Pierre aux loups;* chacun consiste en un grand bloc couché sur un seul support. J'ai visité ces deux localités, mais je n'ose me prononcer trop affirmativement.

Landes. — Manquent.

Loir-et-Cher. — Arr. de Blois.

Lot-et-Garonne. — Manquent.

Lozère. — Arr. de Mende (un seul dolmen très-douteux, paraissant n'être qu'un jeu de la nature).

Loire, Marne, Meuse, Moselle, Meurthe. — Manquent.

Mayenne. — Arr. de Laval et de Mayenne.

Morbihan. — Arr. de Vannes, de Ploermel, de Pontivy et de Lorient.

Manche. — Arr. de Cherbourg, de Valognes, d'Yvetot. A Beaumont, arr. de .....

Maine-et-Loire. — Arr. d'Angers, de Beaugé, de Saumur et de Segré.

Nièvre. — Manquent.

Nord. — Arr. de Douai.

Oise. — Arr. de Beauvais, de Senlis. — Dolmen avec support percé d'un trou circulaire, à Trie-le-Château, arr. de Beauvais.

Orne. — Arr. de Mortaigne, d'Argenton, de Domfront.

Pas-de-Calais. — Arr. de Béthune (la Table aux Fées).

Pyrénées orientales. — Arr. de Prades et de Perpignan. — Dans l'ancien Roussillon.

Puy-de-Dôme. — Arr. de Clermont, du Puy de Crouel, d'Yssoire et d'Ambert.

Rhône. — Manquent.

Savoie. — Arr. de St-Julien (à Regny, dolmen à corridor et enceinte; supports taillés ; en partie détruit).

Saône-et-Loire. — Arr. de Châlons. — On voit à St-Micaud les restes d'un dolmen dont il ne reste que deux supports.

Seine-et-Marne. — Arr. de Fontainebleau.

Seine. — Manquent.

Sarthes. — Arr. de Mamers, du Mans, de la Flèche et de St-Calais.

Somme. — Arr. de Doulens. Ne possède que deux dolmens : ceux de Bealcours et de Lucheux.

Deux-Sèvres. — Arr. de Mille et de Bressuire.

Seine-et-Oise. — Arr. de Nantes et de Pontoise. — Forêt de Meudon.

Seine-Inférieure. — Manquent.

Tarn. — Arr. de Gaillac et d'Albi.

Tarn-et-Garonne. — Les dolmens, dans ce département, sont désignés sous le nom de: Tomba del Jayant, ou Jayantières. — Arr. de Montauban. Les dolmens y sont très-nombreux, leur hauteur varie entre 1^m 50 c. et 2^m.

Var. — Arr. de Draguignan.

Vendée. — Arr. des Sables d'Olonnes.

Vienne. — Arr. de Poitiers et de Loudun.

Vaucluse, Vosges, Yonne. — Manquent.

PIÉMONT, LOMBARDIE. — Pas de dolmens.

SUISSE.

Canton d'Argovie (Hermetschwyl). — Dolmen détruit, dont l'authenticité est douteuse.

ESPAGNE.

Provinces basques (en Marquina).

Province d'Alava.
— de Santander.
— Asturie, à Santa Cruz de Canges. — Grand dolmen couvert.
— Galice. — Dolmens apparents et couverts.
— Cordoue.
— Malaga.
— Grenade.
— Murcie (à une lieue de la ville). — Dolmen douteux.

PORTUGAL.

Province de Minho.
— de Beira.
— d'Alentejo.

ITALIE.
> *Toscane.* — A Saturnia, près d'Orbitello.

GRÈCE.
> *En Morée.* — Argolide.
>
> *Laconie* (près de l'ancienne Amyclea). — Dolmen de 5^m de longueur, plus de 3 de large; quatre supports et une table.

TURQUIE D'EUROPE. — Pas de dolmens.

AFRIQUE.
> Province d'Oran, à Zebdou, au sud de Tlemcen.
>
> A Tiaret (à 100 milles de la mer). — Dolmen gigantesque.
>
> Entre Sherschel et Tfassed.
>
> Province d'Alger. — A Bainam (commune de Cheragas), plus de 100 dolmens, dont plusieurs ont été détruits par les colons.
>
> Entre Seedy Ferje et Alger ; province de Titteric ; ancienne Mauritanie.
>
> A Djelfa. — Dolmens à ceinture et double ceinture de menhirs, 4 supports, recouverts à 20^m 32 c. au-dessus du sol, d'une ou deux dalles de grès ; longueur, 1^m 90 c.; largeur, 0,61 c.; profondeur, 0,35 c.
>
> *Près Constantine*, à Bou-Merzoug, grands groupes de dolmens.
>
> *Tunis.* — A Beylik.
>
> *Régence de Tripoli.* — Dolmens (peu connus).

SYRIE. — PALESTINE.
> Sur la route de Szalt au Jourdain, le capitaine Irby signale un groupe de 27 dolmens (quatre supports, dont l'un avec ouverture taillée, orientée au nord). Près de *Hesbon*, un autre groupe de près de 50 dolmens sans porte ni ouverture. Ces dolmens paraissent intacts.
>
> A quelque distance de l'ancienne Tyr, M. de Saulcy a rencontré 2 dolmens.

INDES.
> *Côte orientale.* — Arkot du nord, près Chittoor (présidence de Madras). Les dolmens y couvrent un espace de 1 mille carré.
>
> Entre Madras et Bangalore, sur les monts Neilgherry.
>
> Près d'Outramalour, district de Chingleput.
>
> Entre Madras et Pondichery, près de Sadras.

LABBA-NA-FATHACH (LIT DE GÉANT), A MAYO, IRLANDE
d'après l'*Arch. Brit.*

INDICATION DES SOURCES.

RUSSIE.
    Communication de M. de Gill, bibliothécaire en chef, à St-Pétersbourg.
    Communication de M. de Muralt.
    Dubois de Montpéreux. Voyage autour du Caucase, 1839.

ALLEMAGNE.
    Abel, Sächsische Alterthümer.
    Abel, Geschichte von Anhalt.
    Beckmann, Alterthümer der Mark Brandenburg.
    Baltische Studien.
    Beiträge zur nordischen Alterthumskunde.
    Estorf, Heidnische Alterthümer, 1846.
    Hannoversche Magazin, 1841.
    Keferstein, Keltische Alterthümer.
    Kruse, Deutsche Alterthümer, 1828.
    Keysler. Antiq. selectæ septentrionales, 1720.
    Lisch. Friederico-Francisceum.
    Mecklenburgische Jahrbücher herausgegeben von *Lisch.*
    Lisch. Andeutungen über altgermanische Grabalterthümer.
    Rosenkrantz, Neue Zeitschrift.
    Vächter, Statistik der im Königreich Hannover vorhandenen heidnische Denkmäler, 1841.
    Spiel, Vaterländische Archiv der K. Hannover, 1820.
    Warnstedt, Ueber Alterthums Gegenstände, etc., 1835.
    Weinhold, Heidnische Todtenbestattung, 1859.

FRANCE.
    Communications de MM. Boucher de Perthes, à Abbeville.
    —   Bonafoux, à Guéret.
    —   Berbrugger, à Alger.
    —   Barry, à Toulouse.
    —   Cazenove, à Carcassonne.

Communications de MM. Canny, à Moulins.
— Chales, président de la Société historique, à Châlons-sur-Saône.
— Calvet, à Agen.
— Croiset, bibliothécaire à Auch.
— Devals aîné, à Montauban.
— Dalmas, à Privas.
— Louis Galles, à Vannes.
— Hatoulet, à Pau.
— de Jaubert, à Gramat (Lot).
— Lalé, à Miers.
— Lemaigre, à Châteauroux.
— comte de Pibrac, à Orléans.
— Peigné Delacourt, à Paris.
— Perié, à Cahors.
— baron de Rivières, à Albi.
— Rammey, à Aurillac.

Livres : Album du Dauphiné.
Ardent, Stat. archéolog. de la Haute-Vienne.
Bottin, Mélanges d'archéologie, 1831.
Bouillet, Tablettes hist. de l'Auvergne.
Beaulieu, Archives de la Lorraine, 1843.
Butet, Statist. du département du Cher.
Bulletin de la Société polymathique du Morbihan.
Abbé *Baudry*, Antiq. celtiq. du Bernard. Fouilles du Bernard (Vendée).
Blavignac, Descript. de quelques monuments celtiques des environs de Genève, 1847.
Baraillon, Mon. celtiq. des cantons d'Huriel et Montluçon, 1806.
Bulletin de la Société des sciences et lettres de Pau.
Bulletin et annales de l'Ac. d'archéol. de Belgique.
Cayot-Delandre, Le Morbihan, 1847.
Cassan, Antiq. gauloises de l'arr. de Nantes, 1835.
Cambry, Statist. du département de l'Oise. Monuments celtiques.
Carro, Voyage chez les Celtes. Mémoire sur les monuments primitifs, 1863.
Delacroix, Statistique du département de la Drôme.
Du Mège, Voyage littéraire et archéologique.
Dalphonse, Statistique du département de l'Indre.
Dupin, Statist. du département des Deux-Sèvres.
Delpont, Statist. du département du Lot.
Deribier du Châtelet, Statist. du département du Cantal.

Freminville, Antiq. de la Bretagne.
Forcalquier, Géographie ancienne des Basses-Alpes.
Graves, Notices archéol. sur le dép. de l'Oise.
Godard, Monum. gaulois du dép. de Maine-et-Loire.
R. Galles, Fouilles du mont St-Michel.
Harbaville, Mém. hist. et archéol. du Pas-de-Calais.
Lesage, Géograph. hist. et statist. du dép. de la Marne.
Ladoucette, Hist. topog. des Hautes-Alpes.
Lesson, Fastes archéol. de la Charente-Inférieure.
Mémoires de l'Académie des Inscriptions et Belles-lettres.
Mahé, Le Morbihan, 1823.
Mém. de l'Ac. celtique.
Mém. des antiq. de France.
Mém. des lettres et sciences de l'Aveyron.
Mérimée, Notes d'un voyage en Corse.
Revue archéologique.
Teyssonnière, Recherches hist. sur le dép. de l'Ain.
Baron *Trouvé*, Statist. du dép. de l'Aude.
Tripon, Hist. monum. du Limousin.
Tournal, Catalog. du Musée de Narbonne.
Wlgrin de Taillefer, Antiq. de Vésone, 1821.
Vatan, Statist. du dép. de l'Indre, 1841.

ANGLETERRE.— ÉCOSSE.— IRLANDE.

Annual Register.
Archæologia Britannica.
Archæological Journal.
Akerman, Archæological Index, 1847.
Borlase, Antiq. of Cornwall, 1761.
Camden, Britannia.
Douglas, Nenia Britannica, 1793.
Ordnance Map. of Irland.
Pennant, Tour in Wales, 1781.
Gentlemans Magazine.
Rowland, Mona antiqua, 1766.
Wilson, Archæol. of Scotland, 1851.
Wilde, Catalogue of the antiq. of Dublin.
 Lecture archéologique publiée dans le *Daily Advertiser*, avril 1864.

HOLLANDE. — BELGIQUE.
   Communications de M. Hagemans, à Bruxelles.
   Annales de la Société d'Arlon, 1847-48.
   Bulletin et Annales de l'Acad. d'archéol. de Belgique.
   Keysler, Ant. select.
   Vestendorp, Verhandling, etc., 1815.
SUISSE.
   Schw. Anzeiger.
PIÉMONT.
   Communication du prof. Orculti, à Turin.
ESPAGNE.— PORTUGAL.
   Communications de D. Pedro del Campo, à Grenade.
       — D'Antas, secrét. de lég. portug., à Paris.
       — Hernandez, à Tarragone.
       — Vincent Boix, à Valence.
       — A. de Silva, conservateur de la Bibl. nat. de Lisbonne.
Livres : M. *de Assas*, Monumentos celticos, publ. dans le Semanario pintoresco, 1857.
   Memoria sobre el Templo Druida, etc., de Antequerra, par D. Rafael Mitjana, 1847.
   Dissertaçao sobre os monumentos celticos que existen en Portugal denominados Antas, par Mendoça de Pina, 1733.
ITALIE.
   Dennis, Étrurie.
   Abeken, Mittel Italien, 1843.
TURQUIE.
   Communications de M. Vescher, attaché aux Mns. de la Bibliothèque impériale à Paris.
GRÈCE.
   Expédition scientifique en Morée.
   Mémoires de l'Acad. des Inscriptions et Belles-lettres, t. XV, article de M. Fourmont.
ILES BALÉARES. — ILE DE SARDAIGNE.
   La Marmora, Voyage en Sardaigne.
   Armstrong, Hist. of Minorca.
AFRIQUE.
   Communications de M. Portmann, propriétaire à Guyotville, près Alger.
   Vestiges of ortholithics Remains in North Africa, by *H. Rind*, Arch. Brit., 1859.
   Recueil arch. de la province de Constantine, 1862, article de M. Feraud.
   Dennis, Die Begräbnissplätze Etruriens, deutsch von Meissner, 1852.
   Revue africaine.
   Shaw, Barbary and Levant.

SYRIE.— PALESTINE.— INDES.
Dennis, Begräbnissplätze.
Mém. des antiq. de France, t. XIX. Notice de M. Biot.
Irby, Travels in Egypt, Syria and the holy Land.
SCHLESWIG-HOLSTEIN.— JUTLAND.— SUÈDE.
Bericht der Königl. Schlesw.-Holst.-Lauenburg. Gesellschaft.
Bruzelius, Svenska Fornlemningar, 1860.
Madsen, Af bildninger of danske Oldsager, etc.
Nilsson, Urinvanare.
Worsae, Alterthumskunde des Nordens.
Primeval, Antiq. of Denmarck, transl. by W. Thoms.

EXPLICATION DES PLANCHES.

PLANCHE I.
   Fig. 1. Sculptures des supports de Gavrinis (Morbihan), d'après Cayot-Delandre.
   — 2. Sculptures de Manné-er-Hrock (Morbihan).
   — 3. Hache emmanchée sculptée sur une des pierres de la Table aux marchands, à Loc-Maria-ker (Morbihan).

PLANCHE II.
   Fig. 1 et 2. Sculptures de Tumiac (Morbihan).
   — 3. Épée en bronze. Dolmen de Peyro Levado, à Miers (département du Lot).
   — 4. Bague en cuivre avec chaton représentant une fleur à quatre pétales. Dolmen de Constantine. Substitution évidente de tombe.
   — 5. Trois grains de collier en serpentine. Dolmen du Pont de Laine (Morbihan).
   — 6. Fragment de poterie du même dolmen.
   — 7. Poterie du même dolmen.
   — 8. Bague en or, à chaton, trouvée en dehors d'un dolmen, à Kraigengelt, près Stirling (Écosse). — Je dois ce dessin à l'obligeance de M. Dick, Esq.
   — 9. Sculptures gravées sur un support de dolmen du Brecknockshire, d'après Camden, II, 707 (*Britannia antiq.*).

PLANCHE III.
   Fig. 1. Grains de collier en serpentine, de Tumiac (Morbihan).
   — 2. Anneau plat en jade vert foncé de Manné-er-Hrock (Morbihan).
   — 3. Silex en éclat du dolmen de Gramat (département du Lot).
   — 4. Coulant en os ; même dolmen.
   — 5, 6, 7. Os travaillés ; même dolmen.
   — 8. Fragment de poterie ; même dolmen.
   — 9. Trois fragments de bronze ; même dolmen.
   — 10. Bracelet de bronze. Dolmen de Guyotville, près d'Alger.
   — 11. Fragments de fibules ; même dolmen.
   — 12. Clou en bronze ; même dolmen. Dessins de M. Portmann.

Fig. 13. Vase brisé, d'un dolmen des environs de Lubeck (d'après le dessin des *Beiträge zur nordischen Alterthumskunde,* 1844, qui donnent la description et le dessin de ce dolmen).
— 14. Vase provenant d'un dolmen de Seeste, à Osnabrück (dessiné d'après l'original conservé au Musée d'antiquités de Hanovre).

PLANCHE IV.
Fig. 1. Marteau en pierre d'un dolmen de Craigengelt, près Stirling (Écosse). Dessin de M. Dick, Esq.
— 2, 3, 4. Flèches et couteaux en silex. Dolmens de Guyotville, près Alger. Dessin de M. Portmann.
— 5. Fragment d'un sarcophage trouvé près de Merseburg (Prusse), d'après Dorow. Parmi les sculptures gravées sur cette pierre, on remarque, à gauche, une hache emmanchée dans une gaîne en corne.
— 6. Hache en silex. Dolmen de Guyotville (Alger).

PLANCHE V.
Fig. 1, 2, 3. Vases provenant des dolmens de Seeste, près Osnabrück. Dessinés d'après nature au Musée d'antiquités de Hanovre.
— 4, 5, 6. Vases des dolmens de Guyotville (Alger). Dessins de M. Portmann.

TABLE.

	Pages.
Définition du dolmen.	3
Des différents genres de dolmens.	5
Ire *Classe*. — Dolmens apparents.	5
Petits dolmens apparents en forme d'auge.	12
Dolmens apparents, de formes exceptionnelles.	16
IIe *Classe*. — Dolmens couverts d'un tumulus.	17
Dolmens couverts, de formes exceptionnelles.	19
Les monuments du nord et ceux du sud.	21
Construction des dolmens.	23
Des menhirs comme clôture du dolmen.	25
Pierres sculptées dans l'intérieur des dolmens.	27
Exposé des fouilles pratiquées sous les dolmens.	29
Dolmens ne renfermant aucun objet de métal.	30
Dolmens renfermant des objets en métal.	35
Les dolmens appartiennent-ils a un seul et même peuple ou a des nationalités différentes ?	39
A quelle période de civilisation appartiennent les dolmens ?	42
Du lieu d'origine des dolmens et de leur développement.	44
Résumé.	52
Explication de la carte.	55
Indication des sources.	61
Explication des planches.	66

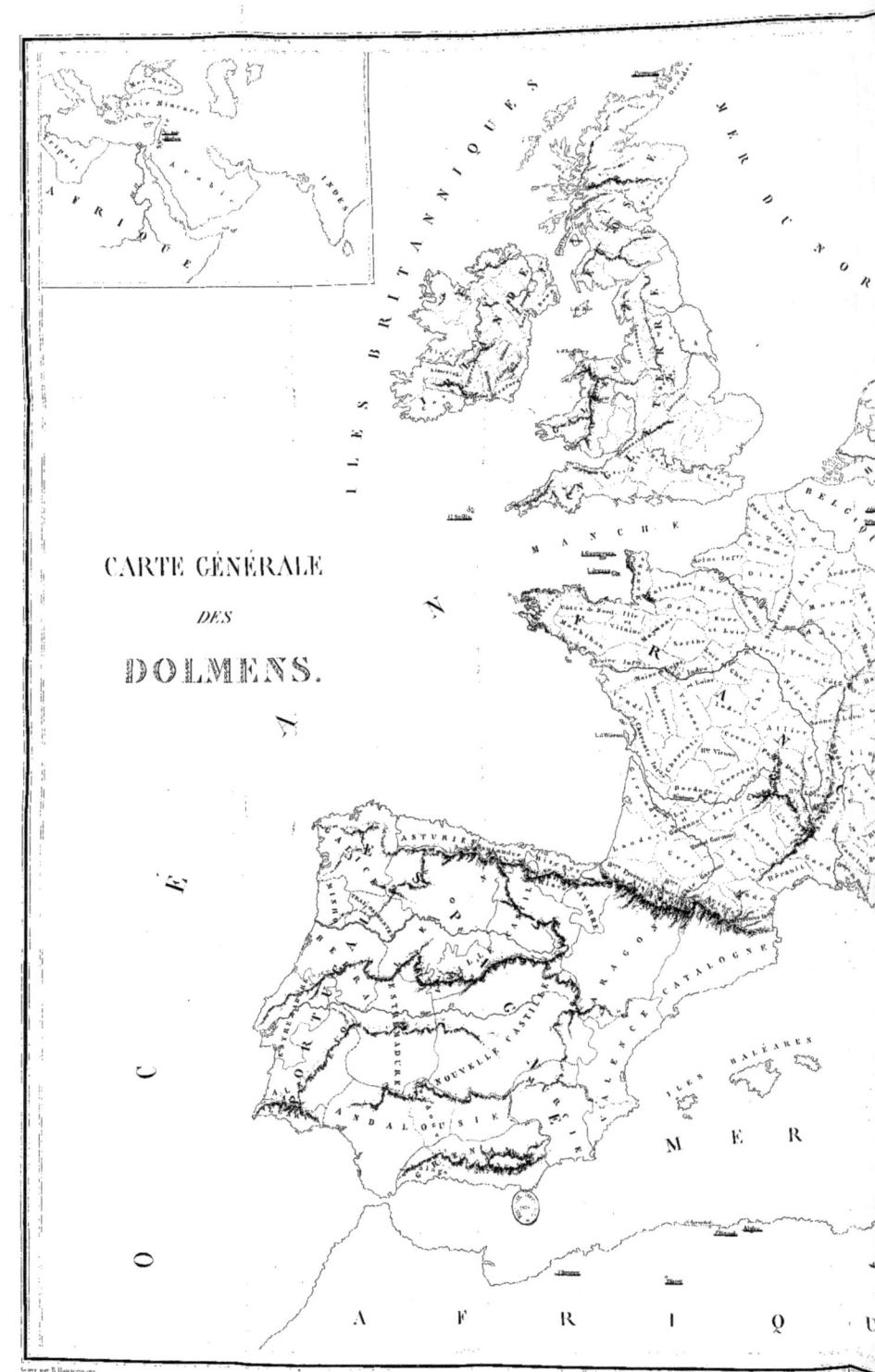

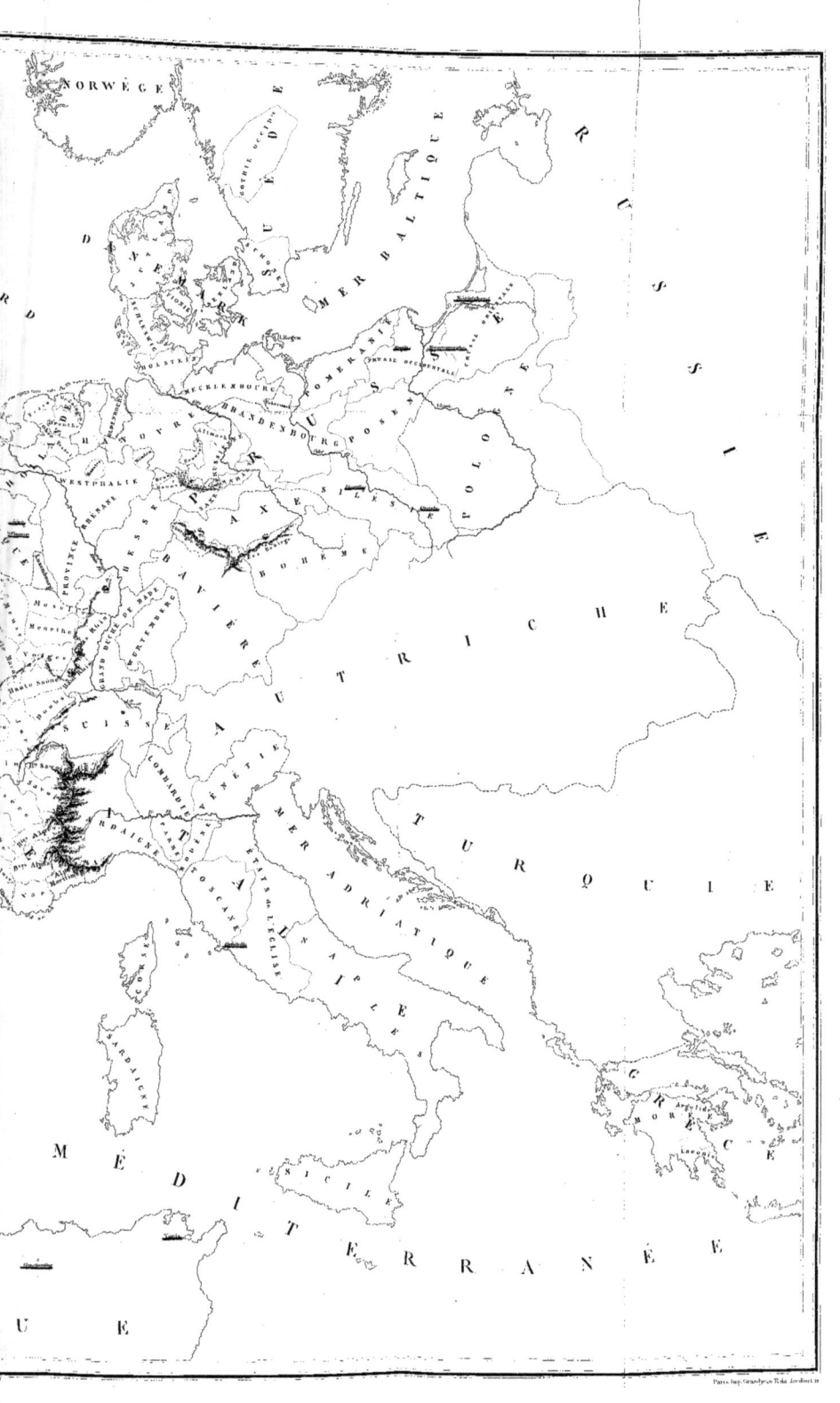

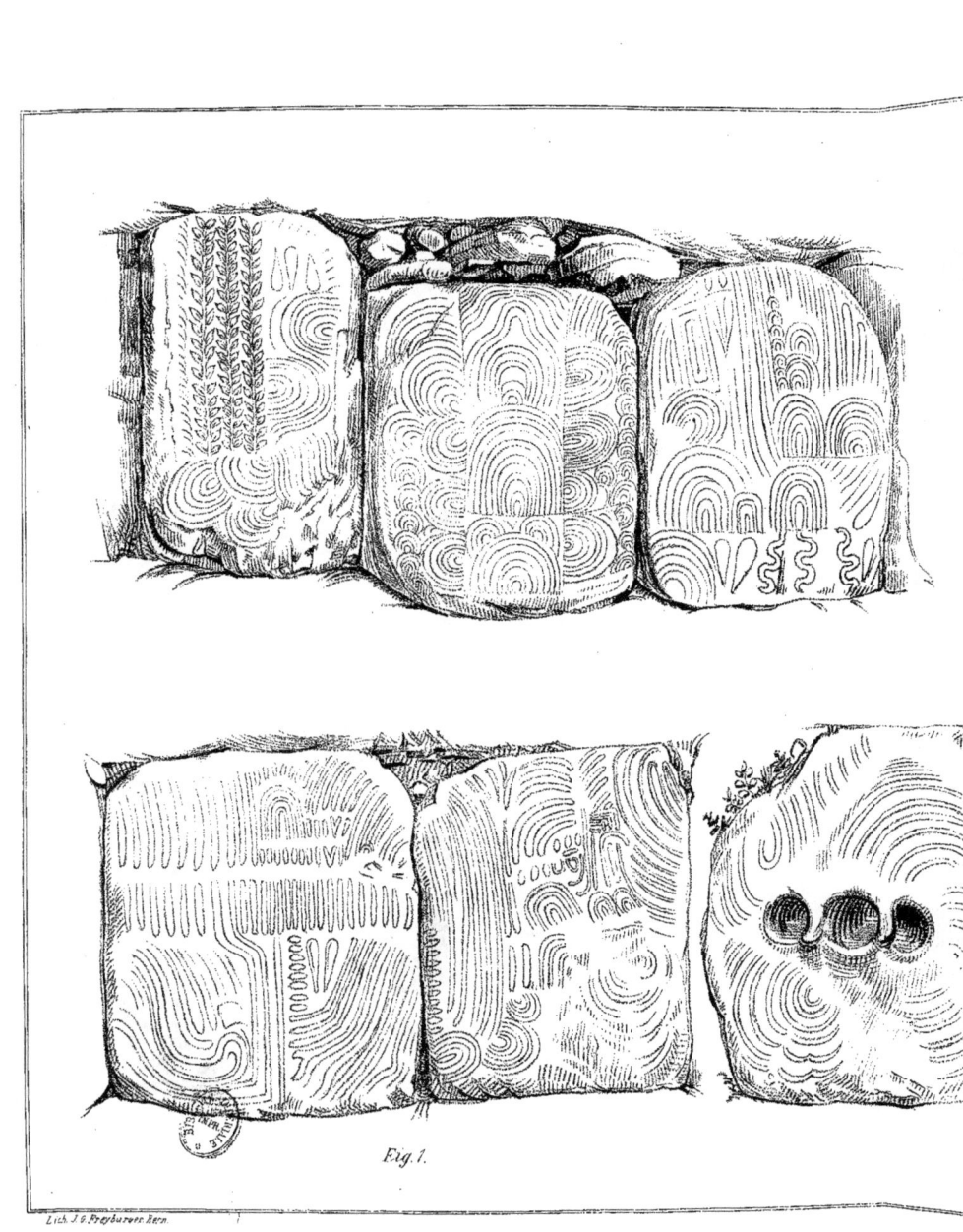

Fig. 1.

Pl.

Fig. 3.

Fig. 2.

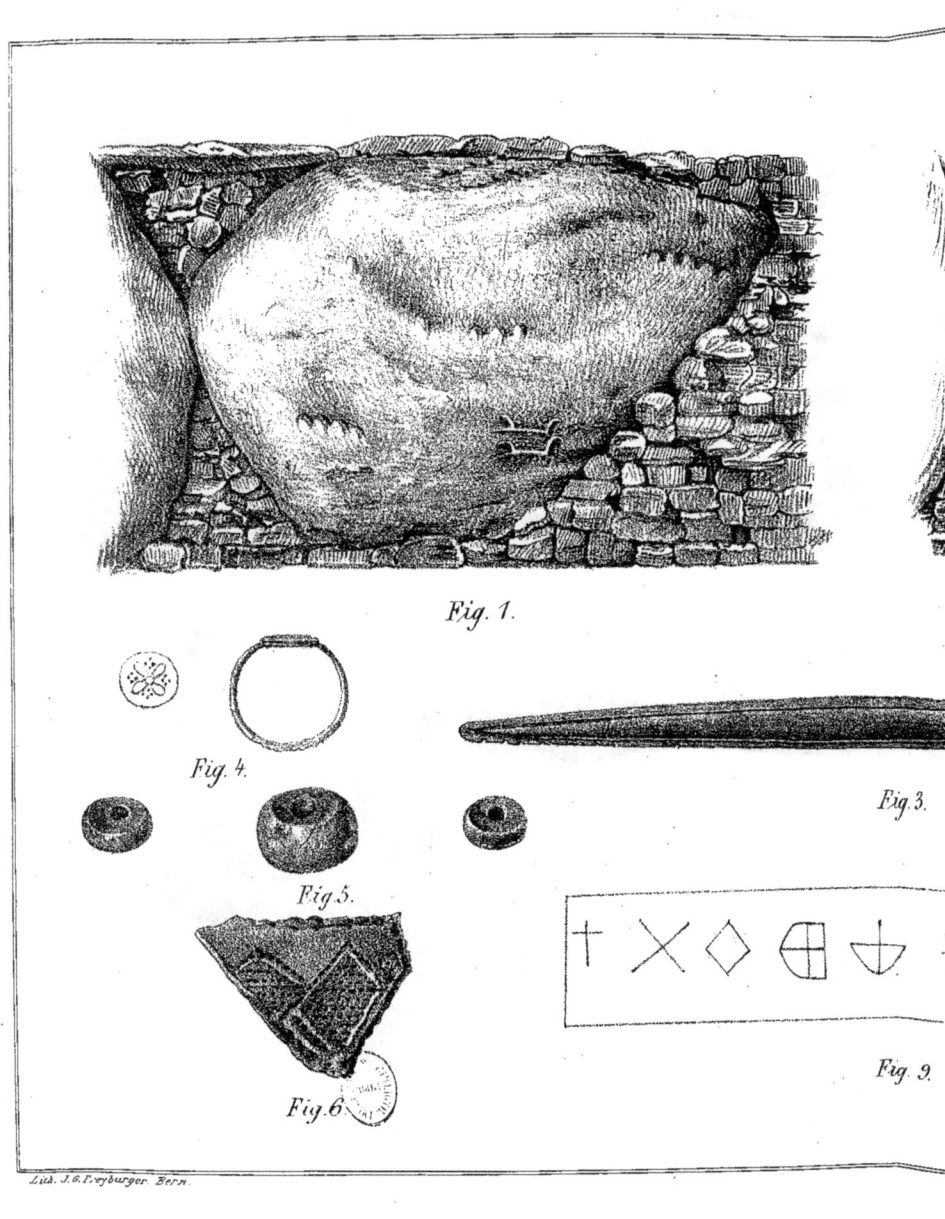

Pl.

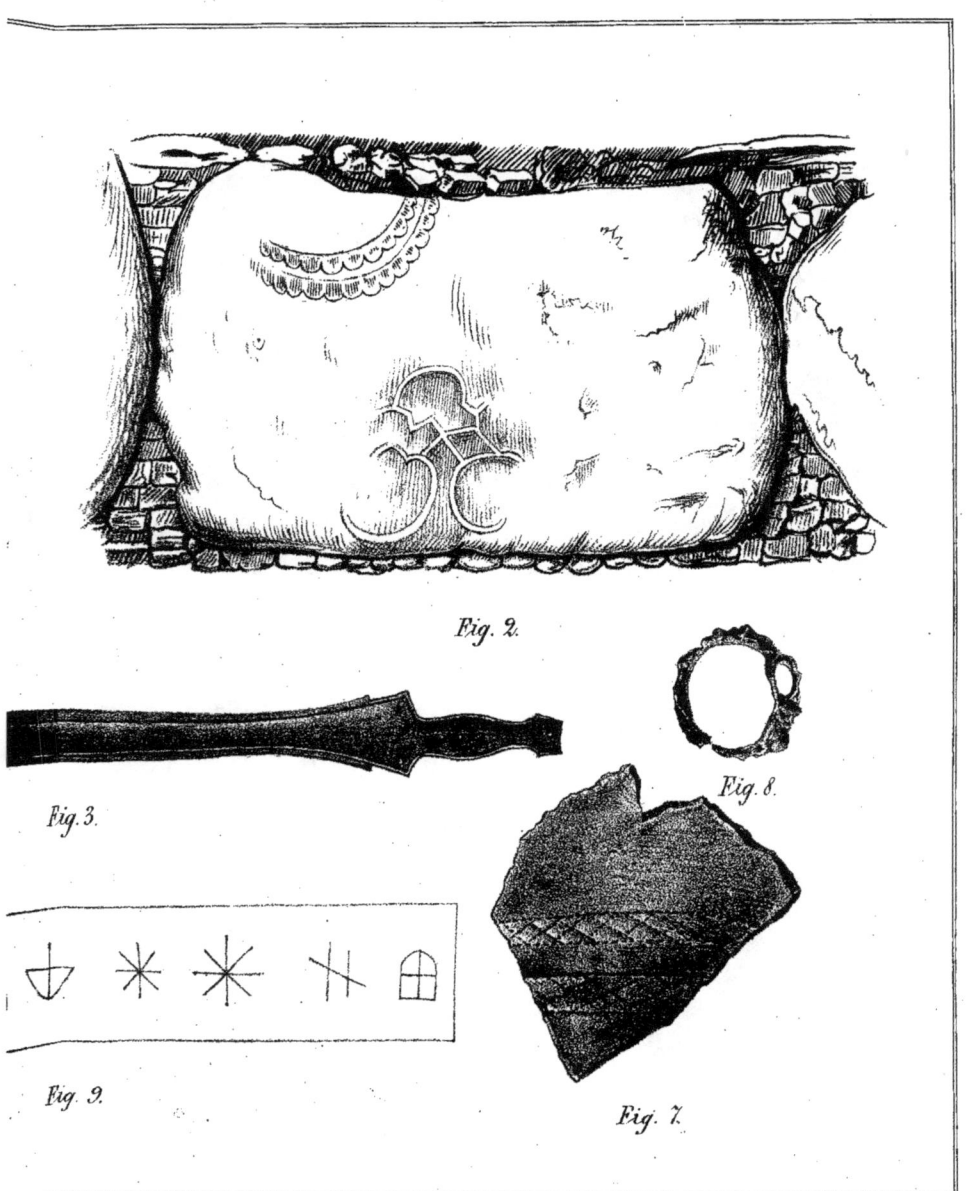

Fig. 2.

Fig. 3.

Fig. 8.

Fig. 9.

Fig. 7.

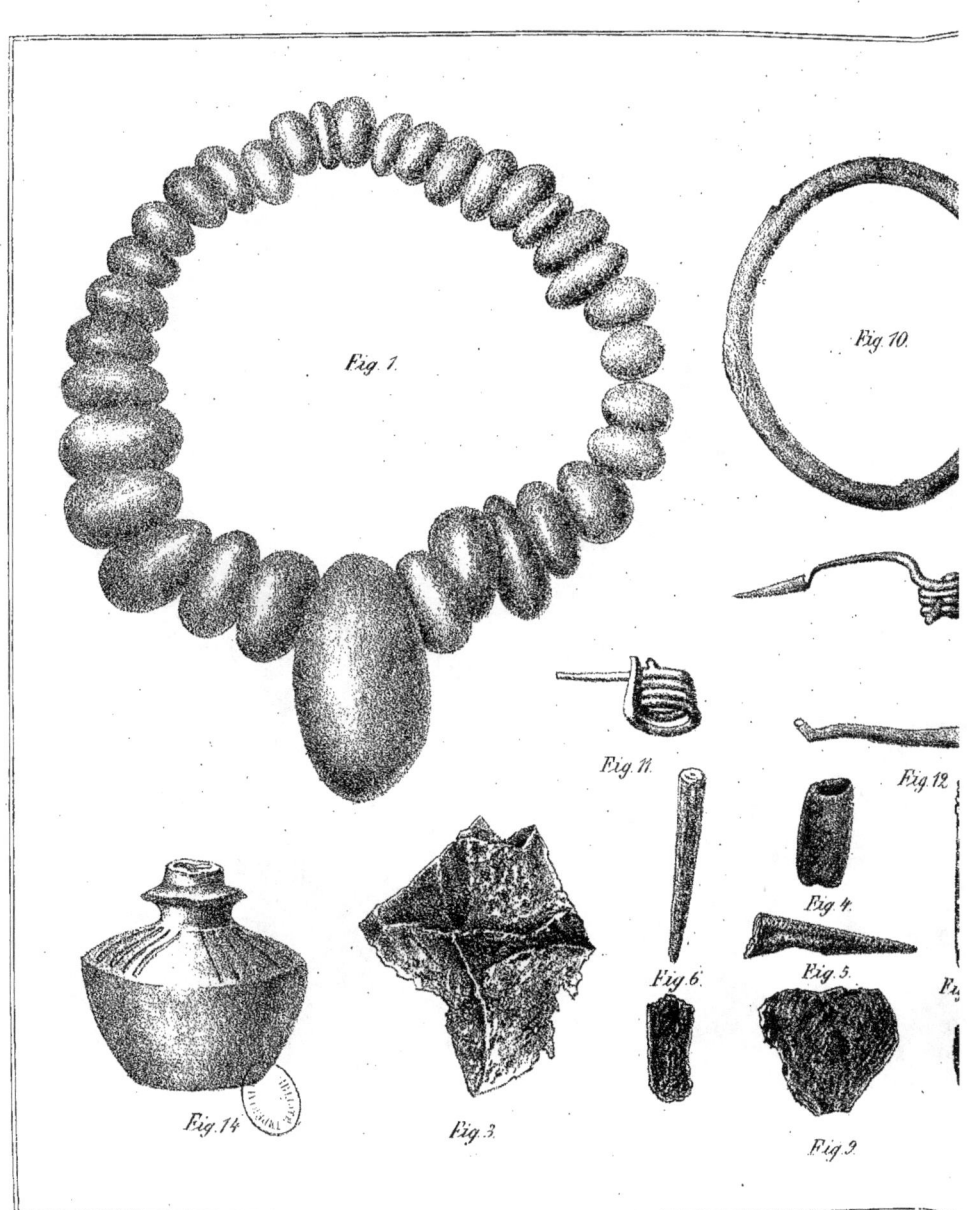

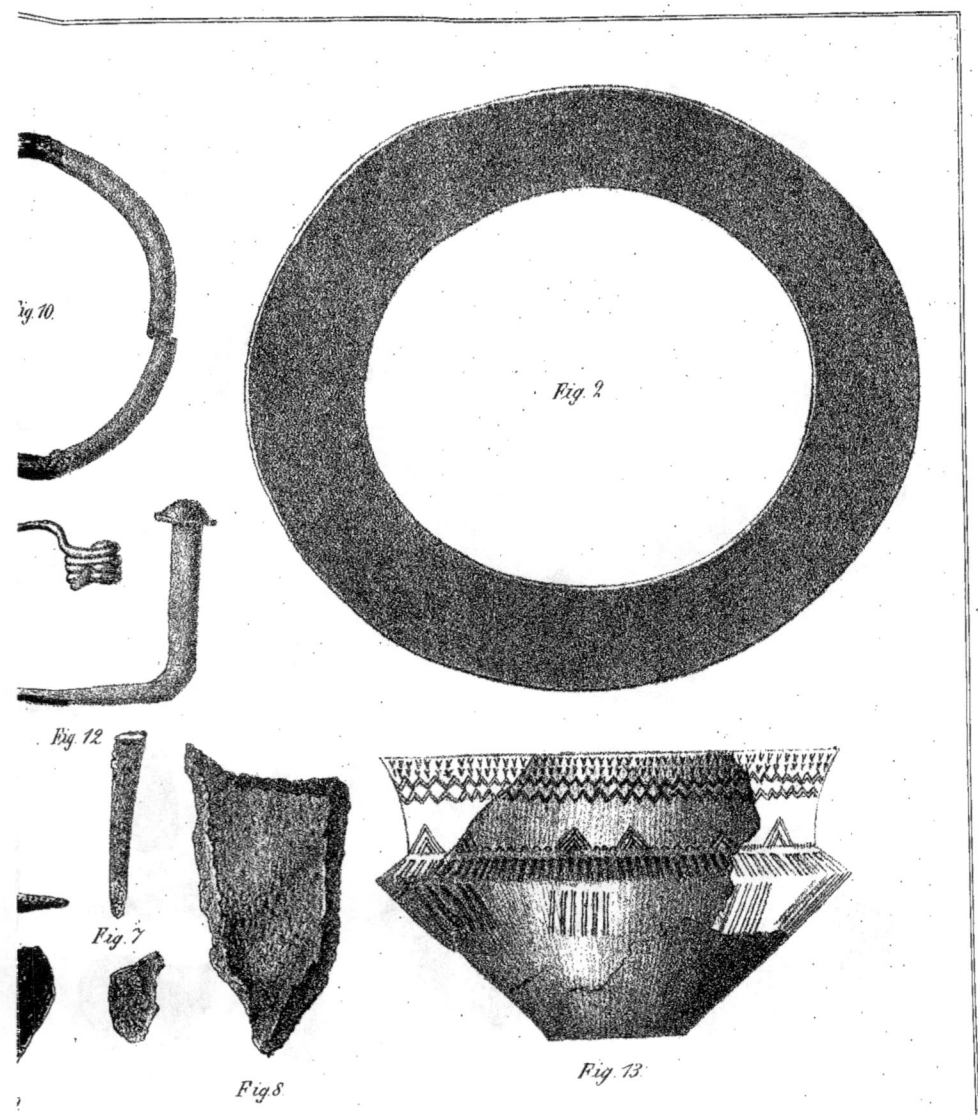

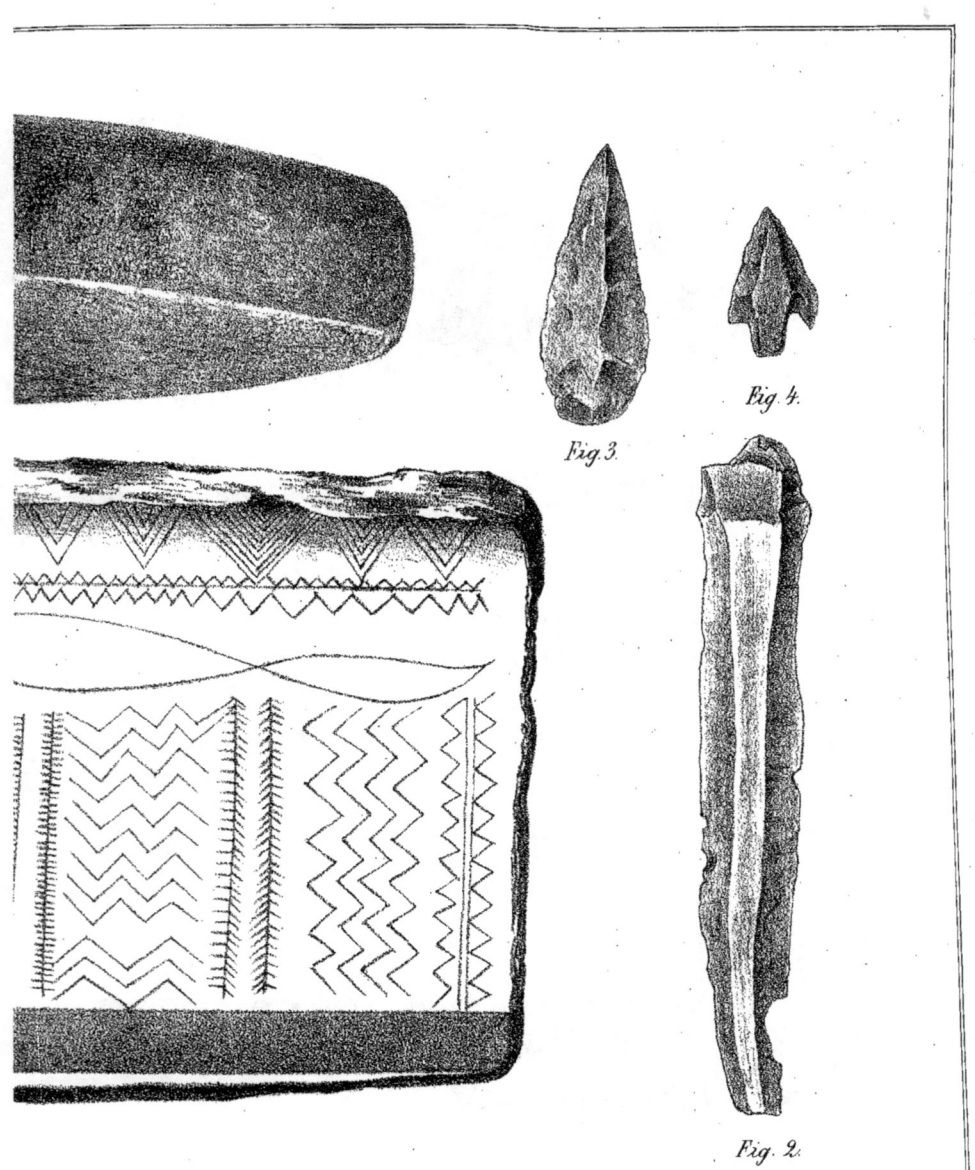

Fig. 3.

Fig. 4.

Fig. 2.

Fig 1.

Fig. 4.

Fig. 5.

Pl.

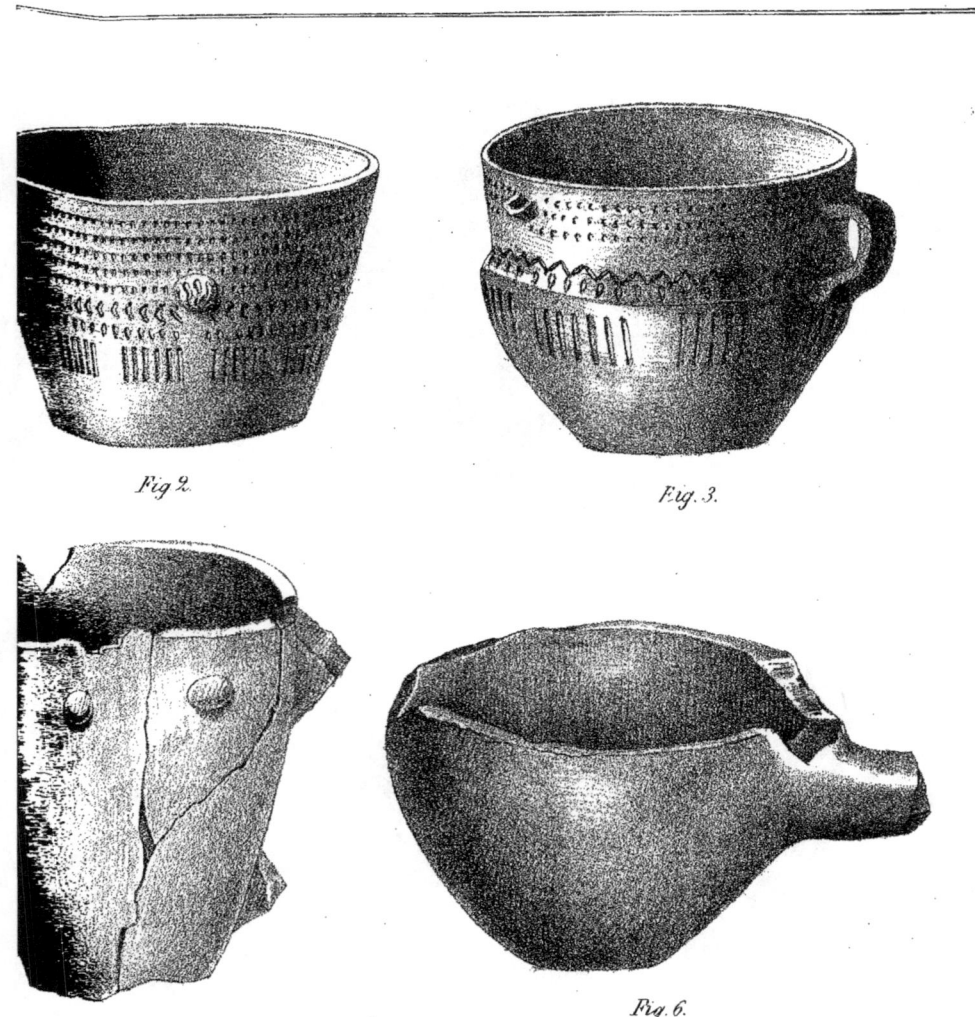

Fig. 2.

Fig. 3.

Fig. 5.

Fig. 6.

www.ingramcontent.com/pod-product-compliance
Lightning Source LLC
Chambersburg PA
CBHW070308100426
42743CB00011B/2394